Atteindre ses
Objectifs
une approche simple et efficace

Photo de couverture :   © Véronique Gagnon
Photos de l'intérieur :   Jonathan Gagnon, Nadia Caouette
Révision :   Cynthia Caouette, Pierrette Bouchard

Copyright © 2017 Nadia Caouette
Tous droits réservés. Toute reproduction d'un extrait quelconque de ce livre, par quelque procédé que ce soit, est strictement interdite sans l'autorisation écrite de l'auteur.

ISBN-13 : 978-1-7750838-0-1
Première édition 2017

Dépôt légaux: 4ᵉ trimestre 2017
Bibliothèque et Archives nationales du Québec
Bibliothèque et Archives Canada

Imprimé par CreateSpace

Atteindre ses Objectifs

une approche simple et efficace

NADIA CAOUETTE
Coach de vie et d'affaires

À mes trois enfants, Samuel-Alexandre, Tomy et Sacha.
Que votre avenir soit rempli de projets extraordinaires
et de belles surprises !

Je vous aime ! xo

Table des matières

MOT DE BIENVENUE 11

À PROPOS DE CE LIVRE 12

COACH UN JOUR, COACH TOUJOURS 14

PREMIÈRE PARTIE : AUGMENTER SON NIVEAU D'ÉNERGIE ... 17

RETOUR À L'ESSENTIEL 18
   1. La respiration *18*
   2. L'alimentation *23*
   3. L'exercice *33*

PÉRIODES DE REPOS 36
   1. Le sommeil *36*
   2. Pauses, temps libres *37*
   3. Se régénérer, libérer son esprit *39*

OSER DIRE NON 48
RENONCER AU CONTRÔLE 52

DEUXIÈME PARTIE : ÉTAT D'ESPRIT, PENSÉES, CROYANCES 57

RÉALITÉ VERSUS SCÉNARIO PARFAIT 58

CROIRE 60
   1. Perspective *62*

PRENDRE DE MEILLEURES DÉCISIONS 67
   1. L'intuition, l'instinct *68*
   2. Les vibrations *72*
   3. Les Archives Akashiques *74*
   4. Mieux choisir *76*

La confiance 78
Le bonheur 80

TROISIÈME PARTIE : LES NEUROSCIENCES 85

La glande pinéale (Épiphyse) 86

Reprogrammation du cerveau 88
   1. Coaching Cognitif et Comportemental (CCC) 91
   2. Cerveau droit, cerveau gauche 96
   3. EFT (Tapping) 98
   4. La visualisation 103

QUATRIÈME PARTIE : DÉTERMINER SES OBJECTIFS 105

Trouver sa voie 106
   1. L'arbre aux feuilles roses 109
   2. Innover, sortir des sentiers battus 110

Roue de la vie 112
SMART 116
Brainstorming et créativité 118

CINQUIÈME PARTIE : PLAN D'ACTION 121

Planification 122
   1. Ingénierie inversée 122
   2. Liste de tâches 123
   3. Loi de Pareto 125
   4. Morceler et déléguer 127

ORGANISATION ET PRODUCTIVITÉ 129
   1. Désencombrement 129
   2. Le cycle énergétique 133
   3. Le « batching » 134

SIXIÈME PARTIE : LISTE D'APPLICATIONS UTILES 137

LES LISTES 138
LES ROUTINES 139
OBJECTIFS ET PROJETS 141
GESTION DU TEMPS 143
SYSTÈME DE GESTION DE DOCUMENTS 144

SEPTIÈME PARTIE : LES HABITUDES 145

LES AXES DU CHANGEMENT 146
LES ROUTINES 148
L'ÉNERGIE D'ACTIVATION 151

HUITIÈME PARTIE : LES OBSTACLES 153

   1. L'argent 154
   2. La santé 157

LES ÉMOTIONS, LES SENTIMENTS 159
   1. Changer le négatif en positif 160
   2. Se libérer de la culpabilité 163
   3. Le stress et l'anxiété 164
   4. La peur 167
   5. Les exutoires 173

VAINCRE LA PROCRASTINATION 174
   1. Les blocs de temps 175
   2. Les tâches facultatives ou inintéressantes 176
   3. Ne rien faire 176

LA RÉSISTANCE 177
   1. S'ouvrir aux changements, à la nouveauté 177
   2. Blocage, impasse, paralysie 179

NEUVIÈME PARTIE : ENTOURAGE, SUPPORT 183

S'ENTOURER DE GENS INSPIRANTS 184
   1. L'effet papillon 187

SUPPORT 189
   1. Apprendre à demander de l'aide 190

DIXIÈME PARTIE : CÉLÉBRATION, RÉCOMPENSES 191

GRATITUDE 192
SUIVI, BILAN 193
SE RÉCOMPENSER 194
RIRE, S'AMUSER 194
CÉLÉBRER 195

VOTRE HISTOIRE, VOS RÉUSSITES 197
À PROPOS DE L'AUTEUR 198
REMERCIEMENTS 199
BIBLIOGRAPHIE 202

Mot de bienvenue

Bienvenue dans une toute nouvelle aventure ! Tout au long de ce livre, je vais vous encourager à prendre des décisions et à passer à l'action. Je veux créer en vous un mouvement de changement, que vous sortiez de votre zone de confort et que vous constatiez à quel point c'est exaltant d'atteindre ses objectifs et de réaliser ses rêves.

La plupart des gens prennent des heures et parfois même plusieurs jours pour organiser leurs vacances, une fête, un mariage ou un évènement qui ne durera que très peu de temps. Suivant cette logique, nous devrions tous prendre du temps régulièrement pour planifier notre vie.

La principale raison pour laquelle la majorité des gens ne savent pas exactement ce qu'ils veulent, c'est qu'ils n'ont pas réfléchi à la question. Et lorsqu'ils le savent, leurs rêves demeurent des rêves puisqu'ils ne prennent pas le temps de s'asseoir pour planifier leurs objectifs, ils se contentent de suivre le courant. Mais si je vous faisais la promesse que vous pourriez avoir une vie plus satisfaisante et remplie de nouvelles expériences, seriez-vous prêt à y consacrer une heure chaque semaine ?

Nous évoluons constamment, prendre le temps d'établir nos objectifs, de les planifier et de créer un plan d'action pour les atteindre est primordial si l'on veut profiter pleinement de la vie qui nous est offerte. Au cours des chapitres qui suivent, vous aurez l'occasion de passer à travers toutes ces étapes à l'aide d'exercices simples et faciles.

À propos de ce livre

En écrivant ce livre, mon objectif est de vous inciter à passer à l'action. J'irai plus loin que simplement vous aider à atteindre vos objectifs ; je vous transmettrai des connaissances qui vous permettront de changer votre façon de vivre et de voir les choses !

Je vous donnerai des techniques et des outils que j'utilise dans ma vie courante et qui me procurent des bienfaits à plusieurs niveaux. Essayez-les et choisissez d'intégrer dans votre vie ceux qui vous apportent le plus. Dans le but d'agrémenter votre lecture et de vous permettre de mieux me connaître, je vous partagerai également certaines anecdotes personnelles qui illustrent mes propos.

En ce qui me concerne, j'ai une excellente formation en coaching qui respecte les normes du ICF (International Coach Federation). J'ai également suivi de nombreuses formations supplémentaires en coaching et assisté à plusieurs conférences et séminaires. Je suis curieuse de nature, donc j'ai lu plusieurs ouvrages sur la psychologie, les neurosciences, le développement personnel, etc. J'ai aussi un bon bagage de vie qui me permet de comprendre et d'aider les gens.

J'adore les faits et les statistiques basés sur des recherches sérieuses, et je suis fascinée par tout ce qui concerne le fonctionnement de notre cerveau. Connaitre les bienfaits et les conséquences de nos actions augmente nos chances de faire les bons choix.

J'aborderai également certains concepts un peu plus abstraits, essayez de demeurer ouvert à de nouvelles possibilités. Après tout, communiquer avec une image en mouvement et du son d'un bout à l'autre de la planète, par de simples ondes, nous aurait paru totalement impossible il y a quelques siècles. L'avenir est rempli de surprises et de possibilités.

« Cela semble toujours impossible jusqu'à ce qu'on le fasse. »
~ Nelson Mandela

*Afin d'obtenir de meilleurs résultats, je vous suggère de faire les exercices au fur et à mesure avant de poursuivre votre lecture.

Coach un jour, coach toujours

« Être coach ce n'est pas seulement un métier,
c'est une façon de vivre. »
~ Nadia Caouette

En tant que coach, je fais face à de nouveaux défis quotidiennement dans mon travail ou dans ma propre vie, et j'adore ça ! À l'âge de 20 ans, je souhaitais devenir psychologue, mais j'avais malheureusement la conviction que je n'avais pas assez d'expérience de vie, que j'étais trop jeune pour aider les gens.

Il y a quelques années, j'ai fini par réorienter ma carrière pour devenir coach. Je voulais aider les autres à évoluer et à réaliser leur plein potentiel. Ironiquement, un homme m'a posé la question suivante : « Ne pensez-vous pas que vous êtes trop jeune pour être coach ? ». Après lui avoir mentionné que j'avais 38 ans, il m'a répondu que je paraissais beaucoup plus jeune. Cet exemple illustre bien l'importance de poursuivre nos rêves, suivre notre instinct et ne pas se fier à ce que les autres en pensent.

« N'attendez pas le bon moment, il n'arrivera probablement jamais. Le bon moment, c'est maintenant ! »
~ Nadia Caouette

Pour moi, être coach ce n'est pas simplement un métier, c'est une partie de ce que je suis ! Dans ma vie quotidienne, il m'arrive régulièrement de rendre service ou de faire un don spontanément à des inconnus. Tout cela ne date pas d'hier, à l'adolescence je faisais partie d'une pièce de théâtre pour divertir les aînés, j'étais bénévole pour servir des repas et je participais à l'organisation des fêtes de Noël pour les plus démunis.

Il y a environ un an, lors d'une sortie entre amis, j'ai aperçu une jeune fille penchée au-dessus de la poubelle de la salle de bain. Les gens la contournaient tout en l'ignorant. La plupart ont dû penser qu'elle avait bu trop d'alcool et qu'elle allait être malade. Mais s'ils avaient porté un peu plus attention, ils auraient vu qu'elle avait quelque chose de coincé dans la gorge et qu'elle s'étouffait.

Après l'avoir aidé à se calmer et m'être assuré qu'elle ait bien réussi à dégager sa gorge, elle m'a remerciée en me disant que personne ne s'était soucié d'elle jusqu'à mon arrivée. Il y avait pourtant un flot constant de gens qui entraient et sortaient de la salle de bain. Je n'ai jamais compris pourquoi les gens s'entraident si peu.

Je pourrais vous raconter plusieurs histoires de ce genre, mais je souhaite plutôt que ce livre vous aide et qu'il vous donne l'envie d'aider les autres par la suite !

« Ne laissez personne venir à vous
et repartir sans être plus heureux. »
~ Mère Teresa

Depuis que je suis toute petite, je rêvais d'écrire un livre et il y a environ deux ans et demi, j'ai ajouté ce rêve à ma liste de choses à faire avant d'avoir 40 ans. J'ai également collé une image sur mon tableau de visualisation.

Bien sûr, la liste et le tableau de visualisation n'ont pas fait le travail à ma place, mais ils m'ont permis de garder mon objectif en tête.

Quelques mois à peine avant mes 40 ans, cet objectif est maintenant atteint ! Je tenais à vous le mentionner, avant que vous commenciez cette nouvelle aventure, afin que vous puissiez constater que c'est POSSIBLE de réaliser ses rêves !

« Si vous pouvez le rêver, vous pouvez le faire. »
~ Walt Disney

Et c'est parti...

PREMIÈRE PARTIE

Augmenter son niveau d'énergie

« Un voyage de mille lieues commence par un simple pas. »
~ Lao Tzu (Laozi)

Puisque vous avez ce livre entre les mains, je présume que vous avez fait quelques tentatives pour atteindre vos objectifs et que malgré tout, vous n'y êtes toujours pas parvenu ou du moins pas entièrement.

Vous attendez plus de la vie, mais malgré vos efforts, les opportunités ne se présentent pas. Et même si elles se présentaient, vous ne seriez pas en mesure de les saisir si votre réservoir d'énergie est vide. Vous vous sentez parfois découragé, épuisé, perdu ou stressé, peut-être même que votre vie ne vous plait pas et que vous continuez d'avancer comme un robot sans aucun plaisir.

Indépendamment des circonstances, il y a toujours moyen de reprendre sa vie en main avec un peu de courage et de persévérance. Ce n'est généralement pas par manque de volonté, mais plutôt par manque d'énergie et de stratégie que l'on n'arrive pas à atteindre ses buts. Mais par où commencer ?

Chapitre 1
Retour à l'essentiel

Commencez par le commencement. Revenez à l'essentiel ! Qu'entend-t-on par revenir à l'essentiel ? Vous devriez calmer votre esprit et recharger vos batteries avant toute autre chose. Pour remettre votre vie sur les rails, ou pour y faire des changements majeurs, vous devez augmenter votre niveau d'énergie. Votre corps et votre esprit doivent être en bonne condition afin de pouvoir atteindre vos objectifs.

La respiration

La respiration est à la base de la vie et nous avons souvent tendance à l'oublier. Il existe plusieurs techniques de respiration, mais il suffit d'en connaître quelques-unes. Les techniques suivantes sont simples, efficaces et faciles à retenir ; choisissez celles qui vous conviennent le mieux et pratiquez-les régulièrement.

Respiration tactique

David Grossman, lieutenant-colonel de l'armée américaine, a fait connaître la respiration tactique (ou respiration de combat) par son livre *On Combat : The Psychology and Physiology of Deadly Conflict in War and Peace*. Cette technique, utilisée dans l'armée en cas de stress intense ou d'anxiété, permet de revenir rapidement à un état de calme. Elle démontre qu'il est possible de gérer son stress en contrôlant sa respiration. Le stress que l'on éprouve quotidiennement est généralement moins aigu que celui auquel sont confrontés les soldats ; toutefois, il n'en demeure pas moins réel et peut également être très intense par moment.

La technique de respiration tactique a été élaborée à partir du constat qu'une majorité d'individus respire superficiellement ou irrégulièrement lorsqu'elles sont anxieuses ou tendues. Respirer ainsi cause un déséquilibre, entre la quantité d'oxygène et de dioxyde de carbone contenu dans le corps, ce qui peut provoquer des symptômes physiologiques d'anxiété.

En situation de stress, le rythme cardiaque peut facilement passer de moins de 60 battements par minute à plus de 180. Fournir au corps une quantité d'oxygène adéquate lui permettra de retrouver son calme.

Les étapes :

1. Inspirez par le nez en comptant jusqu'à 4.
   (inspiration lente et abdominale)

2. Bloquez la respiration en comptant jusqu'à 4.
   (ventre gonflé)

3. Expirez par la bouche en comptant jusqu'à 4.
   (expiration lente)

4. Bloquez la respiration en comptant jusqu'à 4.

5. Répéter trois fois ou plus si nécessaire.

Respirez avec l'aide de votre diaphragme, gonflez le ventre à l'inspiration, et contractez en douceur à l'expiration. Répétez cet exercice quelques fois par jour ou dès qu'une situation de stress se présente.

Respiration 4-7-8

La respiration 4-7-8, inspirée du yoga, a été lancée par le Dr. Andrew Weil, professeur à l'université Harvard. Cette puissante technique procure un niveau d'oxygène plus élevé qu'une respiration normale, ce qui permet d'atteindre un état de détente rapidement et favorise le sommeil.

Il existe plusieurs bénéfices reliés à cette pratique :

- Sommeil réparateur
- Meilleure digestion
- Clarté mentale
- Diminution du stress

Les étapes :

1. Déposer la langue au palais derrière les incisives du haut. Garder cette position tout au long de l'exercice.

2. Fermez la bouche et inspirez par le nez en comptant jusqu'à 4.

3. Retenez votre souffle en comptant jusqu'à 7.

4. Expirez en faisant un bruit de souffle par la bouche en comptant jusqu'à 8.

5. Répétez 3 fois minimum.

Compter durant le cycle de respiration permet également à l'esprit de concentrer son attention sur le souffle et de mettre les pensées automatiques sur pause. De plus, la langue au palais provoque en général une forte envie de bâiller et la respiration lente implique un processus biologique menant au sommeil. Je vous invite à introduire cette technique dans votre rituel de préparation au sommeil.

Respiration cohérence cardiaque

Des chercheurs américains ont fait la découverte de la cohérence cardiaque, méthode de contrôle des rythmes cardiaques, et le Dr David Servan-Schreiber l'a popularisée. Ils ont découvert que la vitesse de notre respiration est directement liée à celle de nos battements cardiaques. Ces derniers augmentent lorsque nous vivons une émotion forte. À l'inverse, en modifiant la vitesse des battements cela aura une incidence sur nos émotions.

Il y a quelques années, en courant sur un tapis roulant, je me suis rendu compte que mes pensées influençaient mon rythme cardiaque. Les pensées négatives augmentaient le nombre de mes battements de cœur par minute tandis que les positives le diminuaient. Par la suite, j'ai refait le test à plusieurs reprises en obtenant toujours le même résultat. Il est étonnant de constater à quel point le rythme cardiaque peut changer rapidement selon nos pensées.

Plusieurs études scientifiques ont prouvé les nombreux bienfaits de cette méthode :

- Sensation de bien-être, de calme
- Augmentation de la concentration
- Réduction de la douleur
- Diminution de la réactivité émotive
- Diminution des troubles du sommeil et de l'anxiété
- Meilleure gestion du stress
- Renforcement du système immunitaire
- Harmonisation des systèmes cardiaque, respiratoire, immunitaire et digestif

- Régularisation de la tension artérielle
- Ralentissement du processus de vieillissement

Notre cœur ralentit et accélère en permanence, la cohérence cardiaque est une technique qui vise à régulariser la vitesse des battements de cœur. Le nombre moyen de respirations complètes lié aux émotions positives et au bien-être se situerait entre 5 et 7 par minute.

Les étapes :

1. Inspirez 5 secondes, inspiration longue et profonde par le nez en laissant le ventre se gonfler.
2. Expirez 5 secondes, expiration totale par la bouche.
3. Répétez ce cycle de 10 secondes durant 5 minutes.

L'avantage de cette méthode est sa simplicité. Pour atteindre un maximum d'efficacité, la cohérence cardiaque devrait être pratiquée durant 3 périodes de 5 minutes par jour. Les effets de chaque période durent plusieurs heures. Dès que votre corps aura assimilé le rythme de respiration, vous pourrez pratiquer cette technique chaque fois que vous le souhaitez.

Installez une application sur votre téléphone cellulaire vous aidera à instaurer l'habitude de pratiquer la cohérence cardiaque. Il en existe plusieurs, en voici deux exemples :

- RespiRelax+
- Kardia

L'alimentation

La nourriture est le carburant de votre corps, consommer des aliments sains remplis de nutriments est donc une bonne habitude à adopter. Cela dit, il n'est pas nécessaire de changer vos habitudes alimentaires de façon drastique pour voir des résultats. Ajoutez tranquillement quelques aliments santé à vos repas augmentera votre niveau d'énergie. Vous verrez rapidement une différence et vous aurez envie de continuer ; avec le temps, l'habitude de manger sainement s'installera.

Les breuvages

La masse corporelle d'un adulte est composée de 60 à 70 % d'eau. Selon Waterlogic, une baisse de 3 à 4 % d'hydratation provoquerait une diminution de la productivité allant de 25 à 50 %. Plusieurs études ont également démontré différentes conséquences reliées à la déshydratation, telles que la fatigue, les maux de tête, la baisse de concentration, la confusion, la diminution de la mémoire à court terme, le changement d'humeur, nausée et vomissement dans les cas plus graves.

L'hydratation est un moyen simple et rapide d'augmenter votre énergie et de conserver votre bonne humeur. Il suffit de boire suffisamment (de 2 à 2,5 litres par jour en moyenne) et de bien choisir vos breuvages.

Eau et citron

Un verre d'eau avec du citron est un excellent choix pour commencer la journée. Ajouter du citron à l'eau crée une boisson énergétique naturelle remplie d'électrolytes essentiels à la production d'énergie par les cellules. Boire de l'eau régulièrement au cours de la journée vous aidera également à réduire la fatigue ressentie en fin d'après-midi.

Smoothies et jus verts

Un smoothie ou un jus vert, fait avec des fruits et légumes, est aussi un excellent choix. Si vous êtes pressé le matin ou que vous ne voulez pas vous occuper de le préparer, il existe maintenant des smoothies prêts-à-boire dans les supermarchés. Certains contiennent des vitamines ajoutées, dont la vitamine B qui réveille et donne un « boost » d'énergie immédiat.

Thé vert

Si vous souhaitez remplacer le café par un autre breuvage, ou réduire votre consommation, le thé vert est une excellente alternative. Il contient également de la caféine, mais généralement en plus petite quantité, sans compter qu'il possède une liste interminable de bienfaits.

Le thé vert contient des antioxydants qui ralentissent le processus de vieillissement des cellules et contribue à prévenir plusieurs maladies dont l'artériosclérose, les maladies cardiovasculaires, différents types de cancer, le diabète, le cholestérol, l'hypertension et la carie dentaire.

Il améliore la vitalité, la force et l'endurance tout en contribuant à renforcer le système immunitaire. C'est un puissant désintoxiquant et anti-inflammatoire qui active le métabolisme et stimule le brulement des graisses.

Jus de canneberge

Le jus de canneberge élimine les toxines et agit tel qu'un antibiotique naturel. Il réduit le risque d'infections récurrentes et prévient les infections urinaires en empêchant les bactéries de coller aux parois de l'urètre. Il prévient également l'adhésion et la croissance des bactéries causant la plaque dentaire.

Contenant une grande quantité de composés phénoliques, d'où sa renommée auprès des scientifiques, il contribue à neutraliser les radicaux libres, prévenant ainsi certains types de maladies cardiovasculaires et cancéreuses.

Lait d'or

Nommée à l'origine « Haldi Ka Doodh » (lait de curcuma), cette recette proviendrait de l'Ayurveda, médecine traditionnelle de l'Inde.

Le lait d'or, riche en nutriments, est connu pour ses nombreux avantages sur la santé :

- Désintoxiquer le corps
- Réduire l'inflammation
- Favoriser la digestion
- Régulariser le taux de glycémie
- Combattre les radicaux libres et l'anémie
- Prévenir les maladies du foie et des reins
- Augmenter l'immunité
- Traiter les symptômes du rhume

RECETTE DE BASE DU LAIT D'OR

La pâte de curcuma :

- 1/2 tasse d'eau (filtrée de préférence)
- 1/4 tasse de curcuma en poudre
- 1/2 c. à thé de poivre moulu

Mélanger le curcuma et l'eau dans une petite casserole. Faire cuire à feu doux en remuant constamment jusqu'à l'obtention d'une pâte lisse et épaisse (environ 5 minutes). Ajouter le poivre.

Laisser le mélange refroidir et conserver le dans un pot en verre au réfrigérateur. Vous pouvez conserver la pâte de deux à trois semaines.

Lait d'or :

- 1 tasse de lait de coco
- 1 c. à thé d'huile de noix de coco
- 1/4 c. à thé de pâte de curcuma
- 1/2 c. à thé de cannelle en poudre
- 1/2 c. à thé de gingembre en poudre
- Pincée de sel rose d'Himalaya
- Miel

Mélanger tous les ingrédients, sauf le miel, dans une casserole. Faire chauffer à feu moyen de 3 à 5 minutes, en remuant constamment, sans faire bouillir le mélange. Ajouter le miel au goût.

Il est préférable de le boire le matin, l'estomac vide, ou avant de se coucher dans le but de nettoyer votre foie et d'éliminer la fatigue.

Les aliments

Pour les célibataires, manger et cuisiner seul n'est pas toujours motivant ou agréable, prenez donc l'habitude de rassembler vos amis, vos voisins, vos collègues ou votre famille autour d'un bon repas. Nul besoin d'une occasion spéciale, toutes les occasions sont bonnes !

L'horaire

Mangez à des heures régulières aussi souvent que possible et prenez le temps de déjeuner. Une collation santé entre vos repas vous permettra d'être moins affamé et de faire de meilleurs choix. Préparez vos collations à l'avance afin de les avoir rapidement sous la main lorsque vous en avez besoin.

La malbouffe

Débarrassez-vous de la malbouffe ! Consommez des aliments sains remplis de nutriments sans toutefois aller dans l'excès en vous privant totalement. Il est important de se permettre une « gâterie » de temps à autre, car la privatisation finit généralement par mener aux abus.

Les protéines

Les protéines contribuent entre autres à stabiliser le taux de sucre et à maintenir votre niveau d'énergie. Ajouter des protéines à votre déjeuner, comme des œufs ou des noix, vous aidera à tenir jusqu'à votre prochaine collation.

Plusieurs aliments contiennent des protéines, il suffit de bien choisir. Les œufs, les noix, le fromage, les légumineuses, le soya, le poisson, la spiruline et les graines de citrouille sont de bons exemples d'aliments contenant une grande quantité de protéines.

Diminuez votre consommation de viande rouge. Elles sont difficiles à digérer et engendrent par le fait même une grande dépense d'énergie. Sans parler du fait qu'elles contiennent des résidus médicamenteux, des produits chimiques et des hormones de croissance qui ont été injectées à l'animal. On retrouve également des hormones nocives, dont le cortisol, sécrétées par l'animal suite aux différentes méthodes de production massive de viande qui contribuent à la maltraitance des animaux.

Le sucre

Certaines formes de sucre sont beaucoup moins néfastes pour la santé que celui provenant de la canne à sucre. Les fruits, le sirop d'érable ou le miel sont de bonnes alternatives pour remplacer les aliments remplis de sucre que l'on consomme souvent comme dessert.

Le miel possède des propriétés antibactériennes, soulage les symptômes du rhume et des allergies et favorise la détente et le sommeil.

Le sirop d'érable quant à lui contiendrait une cinquantaine de composés bénéfiques pour la santé, dont les polyphénols (antioxydants qui aident à réduire le risque de diabète, d'obésité et de maladies cardiovasculaires).

Les sucres doivent toutefois être consommés avec modération, peu importe leur provenance.

La plupart des desserts, dont la crème glacée et les bâtonnets glacés, que l'on retrouve dans les supermarchés contiennent énormément de sucre et d'additifs néfastes pour la santé. Cependant, il est possible de les préparer vous-même avec seulement quelques ingrédients. C'est facile et rapide, et les enfants seront ravis de vous aider.

Préparez vos bâtonnets glacés avec du jus de fruits, ou du yogourt dans lequel vous ajoutez des morceaux de fruits. En ce qui concerne la crème glacée commerciale, il y a quelque temps, j'ai découvert une alternative intéressante : la crème glacée à base de bananes.

RECETTE DE CRÈME GLACÉE À BASE DE BANANES

Ingrédients de base :

- 2 bananes congelées
- 1/3 tasse de lait d'amande
- 1 c. à thé de vanille

Ajoutez-y ce que vous désirez, des petits fruits, des morceaux d'ananas congelés ou des noix émiettées. Pour faire de la crème glacée au chocolat, ajoutez quelques cuillères à thé de poudre de cacao ou de chocolat noir haché. Vous pouvez également y intégrer un quart d'avocat pour augmenter la valeur nutritionnelle.

Passez tous les ingrédients au mélangeur, ou au robot culinaire, et servir (congeler quelques minutes avant si nécessaire). Soyez créatif et amusez-vous !

Le chocolat noir

Le chocolat noir peut remplacer le café. Il contient un stimulant naturel semblable à la caféine, la théobromine, qui contribue à augmenter votre énergie et votre bonne humeur. Choisissez un chocolat qui contient un minimum de 70 % de cacao.

La variété

Manger des légumes de différentes couleurs vous apportera différents nutriments nécessaires au maintien de votre santé. Les aliments bio sont également un excellent choix. Essayez de nouveaux aliments, de nouvelles recettes, cela stimulera votre désir de manger sainement.

Suppléments, vitamines, épices

Une alimentation saine et variée apporte au corps plusieurs nutriments, mais les suppléments ont également leur utilité. Ils compensent les manques, renforcent le système immunitaire, guérissent ou atténuent les symptômes de certaines maladies. Ayant consommé des suppléments depuis plusieurs années, je vous fais part de certains d'entre eux qui m'ont apporté de bons résultats.

* Avant de consommer un produit, assurez-vous de bien connaître ses effets secondaires, ses restrictions et ses interactions avec les médicaments. Renseignez-vous auprès d'un naturopathe, ou tout autre spécialiste, pour connaître la posologie qui vous convient et pour plus de détails.

La Chlorella

La Chlorella est une algue microscopique d'eau douce riche en sels minéraux, fibres et vitamines. Consommée par les Japonais depuis de nombreuses années pour ses propriétés revitalisantes et purifiantes, elle commence à être connue dans le monde entier. Elle renforce les défenses naturelles, stabilise les processus métaboliques de l'organisme et agit comme agent détoxifiant en éliminant les métaux lourds et autres polluants. Elle contribue également à la réparation des tissus, à la guérison, à prévenir le vieillissement et rajeunir les cellules.

Le curcuma

Le curcuma est un remède naturel puissant. Connu pour ses propriétés anti-inflammatoires et antimicrobiennes, il est idéal pour traiter les maladies chroniques, respiratoires et auto-immunes telles que les allergies et les intolérances.

D'autres propriétés associées au curcuma :

- Améliore la digestion
- Prévient les maladies cognitives dégénératives (Alzheimer, démence)
- Stabilise la glycémie
- Traite la dépression
- Détoxifie le foie
- Neutralise les radicaux libres
- Traite le cancer, l'arthrite et les problèmes de peau

C'est également une épice qui peut servir d'assaisonnement dans les soupes, sur le poisson, sur les œufs ou pour le lait d'or (voir section *Les breuvages/Lait d'or* pour la recette). Attention, le curcuma peut tacher.

Le gingembre

Le gingembre, connu pour soulager les symptômes du rhume et combattre la nausée (Gravol au gingembre), possède de puissantes propriétés anti-inflammatoires. Il régularise la glycémie et favorise la digestion.

Les antibiotiques naturels

Quelques suppléments pouvant être utilisés comme antibiotiques naturels :

- En capsule : l'ail, les probiotiques

- En goutte : La propolis, l'échinacée et l'extrait de pépin de pamplemousse

Vitamines et minéraux
- Vitamine B :
 Favorise le réveil et l'apport énergétique. Favorise le bon fonctionnement du système nerveux.

- Vitamine D :
 Pour compenser le manque de soleil. Métabolise le calcium qui contribue à la santé des os et des dents.

- Le fer :
 Combat l'anémie. Si vous manquez d'énergie, faites vérifier votre taux de fer.

- Oméga 3 :
 Contribue au bon fonctionnement global. Excellent pour le cerveau et la santé mentale.

L'exercice

L'exercice contribue à garder votre corps en forme ainsi que votre esprit vif. C'est également un excellent moyen de vous libérer du stress qui cause une grande dépense d'énergie, perturbe votre esprit, affecte votre sommeil et provoque de nombreux dommages physiques. Si vous ne faites pas d'exercice, vous risquez de vous sentir fatigué et d'être impatient et plus négatif.

Peut-être avez-vous essayé de vous détendre ou de méditer ces derniers temps, mais vous étiez tellement stressé que ça n'a pas fonctionné. Lorsque l'on est dans cet état, il n'est pas facile de se détendre, donc l'exercice peut devenir l'étape qui précède la détente. En pratiquant une activité sportive, vous permettrez à votre esprit de se détendre et à votre corps de libérer les hormones dont vous avez besoin pour bien dormir (endorphines) et vous sentir mieux (dopamine). Garder votre corps et votre esprit en forme améliorera votre concentration et vous prendrez de meilleures décisions.

Voici quelques autres avantages de l'exercice :

- Réduction de l'anxiété et de la fatigue
- Augmentation de la vitalité et l'énergie
- Amélioration de la mémoire
- Réduction de la colère et de la tension
- Renforcement du système immunitaire
- Augmentation de l'estime et de la confiance en soi

Si vous n'êtes pas habitué à bouger, essayez quelques activités physiques différentes et sélectionnez celle que vous préférez pour débuter. Choisissez une activité amusante qui vous plait vraiment, plusieurs vidéos sur YouTube sont disponibles pour vous inspirer.

Si vous êtes en bonne santé et que vous n'avez pas de restriction, je vous suggère 15 à 30 min par jour et idéalement 3 fois par semaine de 1 à 2 heures. Si vous travaillez assis, prenez le temps de bouger quand vous êtes à votre bureau. Levez-vous et étirez-vous régulièrement.

Quelques trucs qui vous aideront à conserver votre motivation à faire de l'exercice :

Noter et conserver une trace de vos progrès

Cela vous permettra de constater vos progrès, d'être fier et de pouvoir vous récompenser et célébrer (détails à venir section *Célébration, Récompenses*)

Diversifier

Si vous vous entrainez dans une salle d'entrainement, changez votre programme et vos exercices régulièrement. Si vous aimez faire du yoga, un exercice qui apporte de nombreux bienfaits, essayez différents types de yoga, assistez à différents cours avec différents professeurs.

Trouver un partenaire

C'est bon pour la motivation et beaucoup plus agréable. Mais choisissez la bonne personne ! Un partenaire qui annule fréquemment ou que vous devez convaincre constamment de vous accompagner ne vous aidera pas, au contraire cela vous démotivera. Un partenaire qui fait déjà de l'exercice depuis plusieurs années, et qui en fait plusieurs fois par semaine serait l'idéal.

Lorsque votre niveau d'énergie est élevé, vous êtes en mesure de réaliser d'étonnantes choses dans votre vie, donc même si vous êtes vraiment occupé, ne sous-estimez pas le pouvoir de l'exercice. Le temps que vous passez à faire de l'exercice vous le récupérez compte tenu du fait que vous ferez tout le reste plus rapidement. Commencez tranquillement, mais commencez, ça en vaut certainement l'effort !

Les actions !

✓ Essayez une nouvelle activité physique cette semaine. Faire de nouvelles choses stimule votre cerveau et vous fait sentir vivant.

✓ Programmez un bloc de 15 minutes par jour pour faire de l'exercice.

Chapitre 2
Périodes de repos

Non seulement les périodes de repos stimuleront votre productivité, mais elles amélioreront également votre santé physique et mentale. Les temps d'arrêt sont nécessaires afin de rester en bonne santé à tous les niveaux.

Le sommeil

Manger sainement, faire de l'exercice et libérer le stress va certainement améliorer votre vie, cependant le sommeil est également très important. Ce dont vous avez besoin est simple : une bonne qualité et suffisamment d'heures de sommeil.

Créer une routine de nuit vous aidera à obtenir ces deux composantes. Lire, pratiquer le yoga (poses pour s'endormir seulement), boire une tisane à la camomille, allumer une bougie, prendre un bain avec du sel d'Epson (le magnésium vous fera somnoler) ou utiliser des huiles essentielles telles que la lavande ne sont que quelques exemples que vous pouvez ajouter à votre routine. Il y a énormément d'options, choisissez celles qui vous semblent les meilleures et les plus faciles à intégrer.

Vous devriez également cesser tout type de travail et éteindre tous vos appareils au moins une heure ou deux avant d'aller dormir. Puis, allez au lit à la même heure chaque nuit et laissez votre téléphone hors de votre chambre à coucher.

Pauses, temps libres

Vous avez besoin d'un horaire pour le travail, mais vous en avez également besoin d'un pour les pauses et temps libres. Ne surchargez pas votre emploi du temps ; laissez un délai suffisant entre chaque tâche.

Si vous travaillez à la maison, créez une atmosphère ou un espace délimité, pour le travail et un autre pour vous reposer et vivre votre vie.

Les pauses

Ne sous-estimez pas l'importance des pauses, car elles jouent un grand rôle en ce qui concerne votre productivité et votre niveau d'énergie. Laissez votre écran de côté, levez-vous, déplacez-vous ou allez marcher à l'extérieur et profitez de ces moments pour vous détendre.

Selon les recherches scientifiques basées sur les rythmes ultradiens du corps humain, il serait favorable de programmer les temps de pauses selon un cycle de 90 à 120 minutes.

Un rythme ultradien est un rythme biologique qui se produit à plus d'une reprise au cours des 24 heures d'une journée. La circulation sanguine, les pulsations cardiaques et le sommeil paradoxal chez l'être humain sont des exemples de rythmes ultradiens.

Nathaniel Kleitman, un éminent physiologiste et chercheur reconnu pour ses découvertes sur le sommeil paradoxal (REM), s'est intéressé au « cycle de base repos-activité », les cycles de 90 minutes au cours desquels vous progressez dans les cinq étapes du sommeil.

Selon Kleitman, le cycle de 90 minutes serait aussi en vigueur durant la journée. Au cours de ce rythme ultradien de repos-activité, nous passons de la vigilance la plus élevée à la plus faible comme démontré dans le tableau suivant.

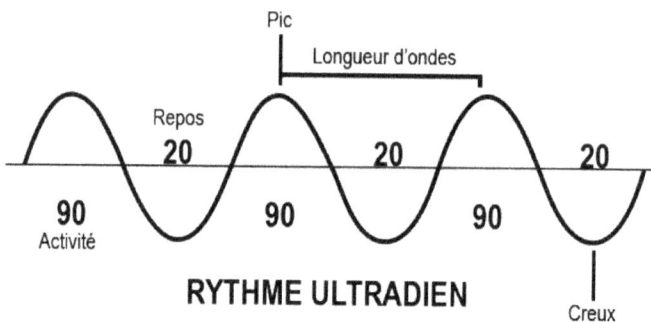

Temps libres

Au commencement de l'année, ajoutez au calendrier toutes vos vacances et vos congés pour vous assurer que vous prenez vraiment le temps de vous régénérer. Vous ferez des ajustements en cours de route si nécessaire, mais cela vous rappellera de prendre vos vacances, de relaxer et rester zen. Et surtout, apprenez à profiter de ces moments sans culpabiliser.

Travailler sept jours sur sept n'est pas productif, votre corps a besoin d'un à deux jours de congé par semaine pour recharger ses batteries. Programmez un court moment tous les jours, et un plus long au moins une fois par semaine, pour méditer, lire, prendre une marche et pratiquer le yoga.

« Lorsque quelque chose de bien vous arrive, voyagez pour célébrer. Si quelque chose de mauvais vous arrive, voyagez pour oublier. Et si rien ne vous arrive, alors voyagez pour que quelque chose arrive. »
~ Inconnu

Les voyages sont également une excellente façon de profiter de vos temps libres et de décrocher du quotidien. Ils vous permettent de sortir de votre zone de confort, de développer votre créativité, d'augmenter votre confiance en vous et de rencontrer des gens de différentes cultures. Cette ouverture sur le monde favorise le développement de votre cerveau en vous offrant de nouvelles perspectives. De courte ou longue durée, et peu importe la distance, les voyages sont toujours bénéfiques. Essayez de découvrir de nouveaux endroits chaque année.

Se régénérer, libérer son esprit

Avec le rythme frénétique de la vie d'aujourd'hui, vous devez planifier du temps de détente et créer certaines habitudes pour maintenir votre niveau d'énergie et libérer le stress. Ceci vous évitera de vous sentir surmené ou épuisé.

Rester dans le moment présent, faire des exercices de respiration, méditer, aller dans un spa nordique, recevoir un massage ou faire l'écoute de mantras sont d'excellentes façons pour calmer votre esprit.

Moins c'est plus

Prenez la décision de vous priver de quelque chose, durant un certain laps de temps, qui affecte votre niveau d'énergie. Vous pourriez par exemple, choisir de vous passer de sucre, de cigarette, de télévision, etc.

Durant les deux dernières années, j'ai choisi de passer un mois sans boire d'alcool. Malgré le fait que je n'ai pratiquement jamais d'alcool chez moi et que je ne bois que socialement, j'ai noté une différence sur mon niveau d'énergie. En ce moment, je passe une semaine sans médias sociaux (Facebook, Instagram, Pinterest, LinkedIn, etc.) puisque je veux me concentrer sur l'écriture de ce livre et ne pas gaspiller mon temps et mon énergie à autre chose.

Je vous recommande de prendre une pause de médias sociaux et d'Internet durant 24 à 48 heures aussi souvent que possible. Demeurer loin de votre ordinateur, de votre téléviseur et même de votre téléphone cellulaire pour une journée ou deux est une excellente pratique pour se régénérer. Désencombrer votre esprit augmentera votre concentration, votre focus et votre niveau d'énergie, vous serez donc en mesure de prendre de meilleures décisions plus rapidement.

La méditation

La méditation est idéale pour se ressourcer et prendre un moment où l'on n'accorde pas d'importance à ses pensées. Contrairement à la croyance populaire, méditer ne signifie pas « ne pas penser ». Au cours d'une période de méditation, lorsque les pensées surviennent on choisit simplement de ne pas leur accorder d'importance en ne s'y attardant pas. Chaque fois qu'une pensée survient, on la laisse aller puis on se recentre.

Si cela vous paraît difficile, concentrez-vous sur votre respiration, sur le mouvement du feu d'une bougie ou sur le son d'une musique douce. On peut également pratiquer la méditation, tout simplement, assis en silence. Personnellement, j'aime bien méditer après une séance de yoga puisque je suis déjà calme et détendue.

« Vous devriez vous asseoir pour méditer pendant vingt minutes chaque jour, sauf si vous êtes trop occupé ; dans ce cas, vous devriez vous asseoir pendant une heure. »
~ Ancien adage Zen

Les neurologues ont découvert que le cerveau se modèle constamment en créant de nouveaux circuits ou réseaux en fonction de nos émotions, nos expériences et nos apprentissages. Ils ont remarqué que la méditation améliore les fonctions cérébrales dont certaines situées dans la région du cortex (zone associée aux émotions positives).

Chez ceux qui pratiquent la méditation, on constate que le cerveau produit un plus grand nombre d'ondes gamma, émises durant une grande activité cérébrale telle que le processus créatif ou la résolution de problèmes. Les connectivités sont également plus nombreuses dans le cortex préfrontal, zone associée à l'attention, aux fonctions exécutives et au comportement.

De plus en plus de gens pratiquent la méditation et en ressentent les bienfaits :

- Amélioration du système cardiovasculaire
- Meilleure circulation sanguine
- Amélioration de la concentration et de l'attention
- Ralentissement du vieillissement

- Amélioration du système digestif
- Réduction de l'inflammation
- Soulagement de la douleur
- Renforcement du système immunitaire
- Meilleure gestion du stress et des émotions
- Réduction de l'anxiété et des peurs

Les mantras

Les mantras aident à éliminer vos blocages énergétiques et libérer vos émotions. Il y a donc de fortes chances que vous versiez quelques larmes ou que vous riiez aux éclats sans raison particulière en écoutant ou en récitant des mantras. Laissez sortir vos émotions, vous vous sentirez plus léger.

J'ai assisté à plusieurs méditations de groupe où l'on récitait des mantras, je ressens chaque fois une forme d'énergie puissante émanant des gens. L'an passé, j'ai écouté une vidéo conférence de Gabrielle Bernstein, auteur à succès cité par le New York Times et conférencière internationale, qui se terminait par la récitation d'un mantra avec l'assemblée. Malgré le fait que j'écoutais cette conférence en différé tranquille chez moi, j'avais tout de même l'impression d'être là-bas en temps réel et de ressentir l'énergie de tous les participants. J'avais une intense sensation d'être connectée à l'Univers comme si rien d'autre n'existait que ce moment précis. La matière n'était plus, seule l'énergie subsistait.

Il existe plusieurs différents mantras, dont *Ek Ong Kar Satgur Pras* pour changer l'énergie négative en positive et *Om* pour se recentrer et régénérer son énergie. Essayez-en différents, vous en retrouverez une panoplie sur YouTube. Vous pouvez vous contenter de les écouter, mais je vous suggère de les réciter pour augmenter leur puissance.

Le Reiki

Le Reiki est une technique d'origine japonaise qui consiste à dissiper les blocages afin de faire circuler l'énergie et d'activer le processus de guérison. En japonais, *Rei* signifie universel et *Ki*, énergie vitale.

Une séance de Reiki se pratique normalement sur une table à massage où le patient se couche tout en demeurant vêtu. Le praticien canalise l'énergie universelle et la transmet par ses mains, généralement elles n'entrent pas en contact avec le patient. Le thérapeute aura recours à certains symboles selon le cas, et se concentrera principalement sur les sept principaux chakras (centres énergétiques associés à une couleur). Le Reiki peut être pratiqué sur soi-même ou sur les autres, et il se pratique également à distance.

La coutume veut que l'apprentissage se fasse par un Maitre Reiki et les cours sont assez dispendieux. Toutefois, si vous voulez simplement pratiquer cette technique sur vous-même, vous pouvez apprendre les bases à l'aide d'un livre (version écrite ou audio) ou de vidéos sur YouTube.

Le Reiki a fait l'objet de nombreuses expérimentations scientifiques aux États-Unis, en Allemagne et au Japon. Elles démontrent que des réactions physiologiques se produisent véritablement chez le patient sans qu'on en connaisse toutefois la cause.

Si vous ne l'avez jamais essayé, je vous recommande de trouver un Maitre Reiki, qui a de l'expérience, et de faire une séance afin de constater par vous-même les bienfaits que cela peut vous apporter. En voici quelques-uns :

- Apport supplémentaire d'énergie
- Réduction du stress

- Soulagement de la douleur
- Accélération de la guérison
- Élimination des toxines
- Renforcement du système immunitaire

Le yoga

Le yoga est une discipline, associée au corps et à l'esprit, qui comprend des exercices physiques, respiratoires, de méditation, de concentration et de relaxation.

À l'aube de mon adolescence, j'ai découvert le yoga, qui soit dit en passant n'était pas très populaire au Canada au début des années 90. J'adorais pratiquer les différentes poses, faire des contorsions et voir à quel point je pouvais améliorer ma souplesse. Puis, j'ai constaté les bienfaits que cela m'apportait et j'ai continué à le pratiquer à différents intervalles au cours des 25 dernières années.

Il y a plusieurs approches et différentes façons de pratiquer le yoga. Le Hatha yoga est la forme la plus connue en occident. La salutation au soleil, un enchaînement de postures simples et faciles à exécuter, fait partie de cette approche.

Il y a quelques années, j'ai découvert le Yin Yoga et le Yoga restaurateur. Ces deux approches encouragent le maintien long et calme des postures en utilisant différents accessoires tels que blocs, traversins, chaises, etc. Le yoga restaurateur est la forme la plus passive des deux et celle qui comporte le plus de soutien. Ces formes de yoga sont idéales pour se régénérer, libérer le stress et les tensions ainsi que pour réduire la douleur chronique.

Je vous encourage fortement à essayer le yoga, qui selon moi fait partie des exercices qui apportent le plus de bienfaits :

- Amélioration de la souplesse
- Renforcement du système immunitaire
- Favorise la circulation sanguine
- Revitalise les organes
- Amélioration du système respiratoire
- Amélioration du système digestif
- Meilleure gestion du stress et des émotions
- Favorise la détente et le sommeil (certaines poses)
- Favorise la clarté d'esprit et les facultés intellectuelles
- Amélioration de l'équilibre

Si vous pratiquez le yoga avant d'aller dormir, portez attention au choix de vos poses. Certaines poses peuvent accroître votre état de veille en stimulant votre système nerveux et affecter votre sommeil.

La nature

La nature calme le corps et l'esprit et permet de se ressourcer. Inspirez-vous des cinq éléments chinois : le feu, la terre, le métal, l'eau et le bois. Quel est votre élément favori ? Le mien c'est l'eau. Elle me permet de me détendre et lorsque j'y plonge ma tête je déconnecte totalement du monde extérieur ce qui m'aide à me recentrer.

Le bois est également un élément que j'adore. Durant une marche en forêt, ou lorsque l'occasion se présentera, serrez un arbre dans vos bras pendant un certain temps. Détendez-vous, respirez et profitez-en ! Les arbres transmettent de puissantes vibrations.

Journée de silence

Passer une journée sans parler, sans télévision ni musique, permet l'introspection et régénère votre énergie. Vous serez plus conscient de votre corps, votre respiration, vos sensations et vos émotions. Après cette journée, vous porterez plus attention à vos paroles; vous ne direz plus de banalités et utiliserez moins de mots négatifs.

Au cours de votre exercice de silence, pensez à des questions telles que :

- Suis-je heureux dans ma vie en ce moment?

- Est-ce que j'investis mon énergie au bon endroit?

- Par quoi devrais-je le remplacer?

- Que puis-je laisser tomber?

Journée plaisir

Réservez-vous une journée par mois ou quelques heures par semaine pour la *Journée Plaisir*. Cette période a pour but de décrocher du quotidien, de prendre soin de soi et de favoriser l'amour de soi. Durant cette journée, vous faites tout ce dont vous avez envie : dormir, lire, prendre du soleil, écouter une série télé complète, aller faire un tour de voiture sans destination précise en vous arrêtant lorsque cela vous tente, ne pas faire la vaisselle, manger tout ce dont on a envie, partir à l'aventure, etc.

Préparer une liste à laquelle vous ajouterez au fur et à mesure vos nouvelles idées pour votre prochaine *Journée plaisir*. Vous pourrez l'utiliser si vous manquez d'inspiration le moment venu.

Les actions !

✓ Assurez-vous de prendre des pauses fréquemment lorsque vous travaillez.

✓ Planifiez vos prochaines vacances, votre prochain jour de congé ou votre *Journée plaisir*.

Chapitre 3
Oser dire non

« Lorsque vous dites "oui" aux autres, assurez-vous que vous ne dites pas "non" à vous-même. »
~ Paulo Coelho

Avoir de la difficulté à dire non peut provenir du souci de vouloir plaire, du besoin d'être aimé ou de se sentir indispensable. Dire « oui » alors qu'on aurait voulu dire « non » permet également d'éviter les confrontations, ce qui dénote généralement un manque d'affirmation ou une faible estime de soi.

Établir ses limites et ses priorités

Sachez établir et faire respecter vos limites et vos priorités. Si vous avez de la difficulté à dire non, il y a de fortes chances que les besoins des autres, et non les vôtres, soient votre priorité.

Il y a toutefois moyen d'y remédier en commençant par être attentif à la sensation qui vous envahit lorsque l'on vous fait part d'une demande. Si celle-ci semble aller contre votre volonté ou que vous avez le sentiment de devoir vous sacrifier, vous devriez refuser. En disant « oui » malgré tout, vous finirez par accumuler de la frustration et vous risquez d'exploser à long terme. Apprenez plutôt à communiquer vos besoins et vos limites afin que les autres les respectent.

Réfléchir

Suite à une demande, prenez l'habitude de dire que vous allez y réfléchir. Cela vous permettra de prendre le temps d'analyser comment vous vous sentez face à celle-ci.

- Est-ce vraiment important de dire oui ?
- En avez-vous envie ?
- Que se passera-t-il si vous dites non ?

Évidemment, on doit tout de même faire certaines choses qui ne nous plaisent pas. En général, on sait très bien faire la différence entre ce qui n'est pas obligatoire ou important, et ce qui est nécessaire.

Fermeté et diplomatie

Lorsque vous avez pris une décision, faites-en sorte de la respecter et de ne pas vous laisser influencer par les autres. Restez ferme, mais soyez diplomate. Vous pouvez faire une suggestion ou proposer une alternative afin de démontrer votre bonne volonté.

La justification

L'idéal serait de ne jamais se justifier, mais personnellement je crois que vous pouvez donner la raison de votre refus si vous ne le faites pas à outrance et que vous maintenez fermement votre décision.

La culpabilité

Ne vous sentez pas coupable, transformez plutôt cette émotion en sentiment de liberté. Vous vous êtes choisi et c'est très bien ainsi. (détails à venir section *Se libérer de la culpabilité*)

Rappelez-vous que vous n'êtes pas responsable des émotions des autres suite à vos décisions. Concentrez-vous plutôt sur le sentiment de légèreté que vous avez ressenti en refusant de faire quelque chose qui allait contre votre volonté.

Établir vos limites vous procurera un sentiment de puissance et de confiance. En choisissant bien ce à quoi vous dites oui, vous réduirez vos frustrations et aurez plus de temps pour faire ce dont vous avez vraiment envie.

Dire non même lorsqu'on voudrait dire oui

Il y a certains moments dans la vie, où l'on doit dire non même lorsqu'on aurait souhaité dire oui. On ne peut pas toujours dire oui, on doit faire des choix.

Ce livre en est un parfait exemple. Durant les quelques mois, particulièrement les dernières semaines, où j'ai écrit ce livre, j'ai dû dire non à beaucoup de choses et à plusieurs personnes. Ce n'était pas toujours évident, mais ça en valait le coup. Si vous voulez mener à terme de grands projets, vous devez vous isoler et vous retirer du monde pour un certain temps.

Journée du non

Vous connaissez probablement le film *Yes Man* (*Monsieur Oui*) avec Jim Carrey. En résumé, c'est l'histoire d'un homme qui, pour changer sa vie, décide de dire oui à tout. Je vous propose de faire le contraire, une journée à dire non, autant que possible (utilisez votre bon sens), à toutes les demandes ou opportunités.

Ce simple exercice a pour but de vous habituer à dire non dans de simples situations de la vie courante afin que vous puissiez y arriver plus facilement lors de circonstances plus complexes. Votre cerveau enregistrera qu'il est possible de dire non et que vous pouvez en retirer des bienfaits. Vous pouvez répéter cet exercice une journée ou quelques heures par semaine durant un mois si nécessaire, ou y revenir lorsque vous en ressentez le besoin. Prenez cela en riant et amusez-vous au cours de cette *Journée du non*.

Chapitre 4
Renoncer au contrôle

« Mon Dieu, donnez-moi la sérénité d'accepter les choses que je ne peux changer, le courage de changer celles que je peux, et la sagesse d'en connaître la différence »
~ Marc Aurèle

Vouloir constamment garder le contrôle provoque une grande perte d'énergie. Plus vous essayez de dominer la situation, plus vous perdez le contrôle sur vous-même. Et généralement, cette façon d'agir nuit à votre bonheur.

Les conséquences du contrôle :

- Anxiété
- Stress
- Frustrations
- Épuisement
- Sentiment de solitude ou d'abandon
- Manque de support

Comme j'adore la planification et l'organisation, et que j'ai tendance à être perfectionniste, ce n'est pas toujours évident pour moi d'accepter que je ne puisse pas tout contrôler. Cependant, lorsqu'on a une leçon à apprendre, si on ne le fait pas par soi-même, la vie s'en chargera.

Il y a près de 10 ans, j'ai eu un grave accident de voiture suite auquel j'ai subi d'importantes séquelles, dont une entorse cervicale accompagnée de douleur chronique, de migraines et pertes de mémoire. J'ai passé de nombreuses heures chez le médecin, le physiothérapeute, l'ergothérapeute, le kinésiothérapeute, le chiropraticien, l'acupuncteur, l'ostéopathe, etc. Bref, j'ai tout essayé pour retrouver la santé et redevenir autant en forme qu'avant cet accident.

Malgré tous mes efforts, il y a toujours certains sports que je ne peux plus pratiquer et je n'ai plus autant d'énergie qu'avant. Même si la situation s'est grandement améliorée par rapport à la première année, j'ai dû apprendre à ralentir, à m'adapter et à changer mon mode vie et j'en ai retiré plusieurs leçons.

La perte de la maîtrise d'un véhicule sur la glace est un excellent exemple de renoncement au contrôle. Essayer de reprendre la situation en main, en donnant un coup de volant dans la direction vers laquelle vous voulez aller ou en appuyant sur les freins, vous fera perdre encore plus le contrôle de votre véhicule. Vous devez relâcher les pédales et suivre le mouvement, pour ensuite ramener doucement votre véhicule dans la bonne trajectoire. En résumé, lâcher prise sur le contrôle et accepter que vous l'ayez perdu, vous permettra de le reprendre.

Mais pourquoi ce besoin de contrôle ? Généralement cela sous-entend un besoin de sécurité. C'est un mécanisme de protection activé par la peur ou le manque de confiance. Il est possible de réduire son emprise en suivant les étapes suivantes :

1. Reconnaître son besoin de contrôle

2. Identifier les situations

    Posez-vous les questions suivantes :

    - Dans quelles situations ai-je besoin de contrôler, et pour quelles raisons ?

    - Qu'arrivera-t-il si je laisse quelqu'un d'autre accomplir cette tâche à ma place ?

    - De quoi ai-je peur ?

3. Choisir les circonstances

    Quelles sont les circonstances où vous pouvez vous permettre de laisser tomber le contrôle ? Commencez par déléguer de petites tâches peu importantes.

4. Demander de l'aide

    Prendre trop de responsabilités et ne pas être en mesure de déléguer est également lié au contrôle. Vous devez être résilient et permettre aux autres d'accomplir les tâches à leur manière et à leur propre rythme (détails à venir section *Support*).

5. Lâcher prise et faire confiance

    Cela ne signifie pas de tout abandonner ou de devenir indifférent. Il s'agit plutôt de faire de votre mieux, de demander de l'aide lorsque nécessaire et de rester zen.

En lâchant prise, vous constaterez généralement que les choses se placent d'elles-mêmes. C'est beaucoup moins épuisant et vous serez beaucoup plus heureux. Remettez vos problèmes dans les mains de l'Univers, ou de Dieu selon vos croyances, et continuez votre vie en ayant confiance que les choses rentreront dans l'ordre.

En appliquant les principes de ce chapitre, votre niveau d'énergie augmentera progressivement. Vous serez en mesure de profiter de cet avantage pour mettre en place un plan d'action qui vous permettra d'atteindre vos objectifs les uns après les autres, jusqu'à ce que vous ayez la vie dont vous rêviez. Ayez foi en vous et croyez en votre potentiel !

DEUXIÈME PARTIE

État d'esprit, pensées, croyances

« Ceux qui sont assez fous pour penser qu'ils peuvent changer le monde sont ceux qui le font. »
~ Steve Jobs

Et si notre environnement et notre vie entière n'étaient que le reflet de nos pensées... La pensée, malgré qu'elle soit intangible est la première étape vers la matérialisation. Il est donc primordial d'y porter une attention particulière puisqu'elle influence, et même crée, notre monde physique.

Chapitre 5
Réalité versus scénario parfait

« Vous n'avez aucune obligation d'être la même personne que vous étiez il y a cinq minutes. »
~ Inconnu

La réalité est souvent loin de notre idéal de vie. Cela dit, rien n'empêche de la modifier afin qu'elle s'y en rapproche le plus possible. Changer votre réalité est une décision qui vous appartient ! Mais avant de vous lancer, commencez par prendre conscience de la situation ; la réalité est relative, c'est une question de perception.

*Faites les exercices suivants par écrit. Plus vous serez précis, plus vous obtiendrez d'informations sur votre situation actuelle, ce qui vous permettra d'établir les bases des changements que vous souhaitez apporter dans votre vie.

Premier exercice : Réalité actuelle

Prenez conscience de votre situation actuelle, et faites-en une description précise. Commencez par décrire une journée typique, puis ajoutez-y vos activités hebdomadaires et mensuelles. Décrivez votre environnement de travail, le lieu où vous habitez, les gens de votre entourage, ce que vous mangez, etc. Intégrez-y vos sentiments, vos émotions et vos pensées. Ajoutez-y tous les détails qui vous semblent pertinents.

Deuxième exercice : Scénario parfait

Pour réaliser cet exercice, vous devez être en mesure de déterminer ce que vous voulez vraiment, vos désirs profonds, sans aucune barrière ou limite. Par exemple, vous avez choisi de ne pas posséder de piscine, car cela demande trop d'entretien. Mais en réalité, il est possible d'avoir une piscine et de payer quelqu'un pour l'entretenir. Ou encore, vous avez choisi de ne pas être en couple dû au fait que vous avez eu quelques relations amoureuses malsaines dans le passé qui vous ont blessé. Mais vous pourriez avoir une relation saine et épanouissante, et si jamais cette relation se terminait, vous savez que vous pourriez vous en remettre.

Maintenant, refaites l'exercice précédent, mais cette fois en décrivant en détail votre vie parfaite. Votre premier exercice vous sera utile pour vous aider à savoir ce que vous voulez modifier.

Conservez précieusement ces exercices, vous pourrez y revenir plus tard et ils vous serviront également de base pour les exercices suivants.

Chapitre 6
Croire

« Et surtout, regardez avec des yeux brillants le monde entier autour de vous, car les plus grands secrets sont toujours cachés dans les endroits les plus improbables. Ceux qui ne croient pas en la magie ne la trouveront jamais. »
~ Roald Dahl

À l'âge de 18 ans, à peine de retour d'Alberta après y avoir passé plusieurs mois pour apprendre l'anglais, je suis tombée enceinte. À cette époque, je travaillais à temps partiel au salaire minimum et je venais de m'inscrire pour partir en Espagne, aider à construire des maisons et des écoles dans les quartiers pauvres.

Malgré l'opinion de plusieurs personnes de mon entourage, et en sachant que je l'élèverais seule, j'étais convaincue de prendre la bonne décision en gardant cet enfant. Pour une raison que j'ignore, je n'étais pas du tout inquiète, j'avais une inébranlable confiance en l'avenir. Et croyez-moi, ça n'a pas toujours été le cas.

J'ai changé mes plans, je me suis inscrite au cégep et j'ai étudié durant toute ma grossesse. Les premiers mois qui ont suivi la naissance de mon fils n'était pas toujours facile, mais je m'y étais préparée mentalement. Malgré le manque de sommeil et mes études à temps plein, j'étais très heureuse durant cette période et j'adorais être maman.

Puis, deux ans et demi plus tard, j'étais mariée, j'attendais mon deuxième enfant et notre nouvelle maison était en construction. Lorsque je doute, je repense à des moments comme celui-ci et je m'efforce de recréer ce sentiment de confiance et de paix intérieure.

Vous devez croire en vos capacités et en l'avenir. La pensée est très puissante, vous pouvez matérialiser ce que vous voulez, mais vous devez y croire. Les chapitres suivants vous donneront plusieurs outils et techniques pour travailler sur vos pensées et votre subconscient.

Perspective

« La vie est 10 % de ce qui vous arrive et 90 % de comment vous y réagissez. »
~ Charles R. Swindoll

La façon dont on réagit aux évènements est le deuxième plus important facteur qui détermine notre niveau de bonheur et de succès. Or, nos réactions sont directement liées à nos pensées et nos croyances.

Passer une heure à attendre à l'hôpital, ou au garage, peut sembler une éternité ; passer une heure à pratiquer une activité que vous adorez, vous paraitra insuffisant. Pourtant c'est exactement la même période de temps, ce n'est qu'une question de perspective ! On retrouve ce phénomène chez deux personnes ayant vécu le même évènement et qui y réagissent totalement différemment, puisqu'ils en ont fait une analyse différente.

Peu importe les circonstances, la façon dont on réagit demeure notre choix. On peut parfois être impulsif, et cette première réaction n'est pas toujours la meilleure, mais on a le choix de rectifier le tir, sans toutefois étouffer ses émotions. La plupart du temps, une mauvaise réaction empirera la situation, et l'inverse est vrai également.

Durant une sortie à Montréal avec un ami pour mon anniversaire, après avoir pris un taxi à trois reprises pour se rendre à différents endroits, tous presque vides, on trouve finalement un endroit qui nous plait. Par contre, on devait faire la file durant plus d'une heure sous la pluie. Puisque c'était mon anniversaire, le portier nous a laissé entrer (à l'aide de 20 $). Une fois à l'intérieur, une seconde file interminable nous attendait. N'ayant pas d'autre choix que d'attendre, je discute tranquillement avec les deux filles devant nous. Finalement arrivé au vestiaire, je remets nos manteaux à l'employé en déposant mon téléphone pour payer. Durant ces quelques secondes d'inattention, un client s'enfuit discrètement avec mon cellulaire que je venais tout juste d'acheter. Après avoir réalisé ce qui venait de se passer, je tente d'activer la sonnerie et de le localiser pour le récupérer.

Après quelques tentatives sans succès, je sors dehors pour essayer de me calmer car je suis vraiment frustrée. Au même instant, un itinérant passe devant moi pour me demander de la monnaie. Je lui réponds que ce n'est pas le bon moment, mais je me ravise immédiatement et lui donne les quelques dollars que j'ai sur moi, en me disant que ce n'était qu'un cellulaire. En le regardant avec compassion, j'ai réfléchi à la chance que j'ai d'avoir un endroit où loger, de la nourriture et que ma vie soit remplie de belles choses et de gens que j'adore. Ensuite, je retourne à l'intérieur rejoindre mon ami et décide de continuer ma soirée au lieu de rentrer à l'hôtel suite à cet incident.

Un peu plus tard, une des filles avec qui je jasais durant l'attente au vestiaire vient s'informer pour savoir comment se passe ma soirée. Je lui réponds que j'aime bien l'endroit et que somme toute je passe une excellente soirée, le seul point négatif étant le vol de mon cellulaire. Elle me dit de ne pas m'en faire avec ça, qu'elle venait de changer son iPhone pour le dernier modèle et qu'elle m'enverrait le précédent pour seulement 50 dollars. Nous avons également le même distributeur de réseau sans fil, ce qui rendait le changement encore plus facile. Je l'invite donc à venir passer une soirée chez moi avec son amie pour la remercier, puis elle décide de me l'envoyer gratuitement.

Que serait-il arrivé si j'avais été impatiente au vestiaire, que je n'avais parlé à personne ou que j'étais partie en restant fâchée ? J'aurais gâché ma soirée, probablement payé un gros montant pour un nouveau cellulaire et je n'aurais pas rencontré deux filles extraordinaires. Merci encore Cynthia !

Voici une autre anecdote pour vous convaincre de l'importance de vos perceptions et des réactions qui en découlent. Récemment, après un séjour à Paris, des complications sont survenues lors de la réservation de mon vol de retour. Après avoir passé près d'une heure au téléphone et avec un agent de bord, je finis par avoir mon billet pour le lendemain matin.

Épuisée, et n'ayant aucune envie de me déplacer avec tous mes bagages, je décide de passer la nuit à l'aéroport. Ayant comme bruit de fond une perceuse à béton durant toute la nuit, je dors à peine. Puis, comme si ce n'était pas suffisant, la compagnie aérienne annonce un retard sur mon vol dû à un problème mécanique important.

Suite à cette annonce, une femme près de moi mentionne qu'elle s'inquiète du bris de l'avion et elle semble nerveuse et anxieuse. Connaissant quelques techniques pour réduire le stress et ayant un don naturel pour calmer les gens, je décide d'aller lui parler (coach un jour, coach toujours). Elle me fait part de ses craintes en me mentionnant qu'elle n'a pas pris l'avion depuis des années et que le bris mécanique l'inquiète beaucoup. Elle doit également donner une conférence, en arrivant à Montréal, et a peur que le retard du vol l'en empêche. Je discute avec elle en tentant de la rassurer, de la distraire et de la détendre. Je lui explique entre autres que s'inquiéter ne règlera pas la situation, et risque plutôt de faire le contraire. Je lui suggère plutôt de penser positivement pour que, par exemple, la compagnie décide de nous envoyer un autre avion.

Quelques minutes plus tard, elle est beaucoup plus calme et décide d'aller nous chercher quelque chose à boire. Durant son absence, un homme vient me parler pour me dire qu'il avait entendu notre conversation et constaté que la femme à qui je parlais s'était rapidement calmée. Ayant plusieurs intérêts communs, dont la méditation et le yoga, on discute un moment en attendant son retour ; pour finir par continuer la discussion tous les trois. On fait ensemble quelques étirements et quelques respirations, puis une autre femme, également adepte de méditation, vient se joindre à nous. Au travers d'une salle remplie de frustrations, d'angoisse et de fatigue, un mouvement positif venait de naitre.

Et finalement, on apprend qu'on aura un nouvel avion ! La femme que j'avais tenté de rassurer est vraiment contente, et moi aussi pour être honnête.

Mon vol fut très agréable et peu avant l'atterrissage, le passager derrière moi m'a mentionné que selon les lois européennes, nous avions probablement droit à une compensation financière pour l'importance du retard. Il avait effectivement raison, j'ai reçu une compensation de près de l'équivalent du prix de mon vol aller-retour. Et ce sont les cinq dernières minutes de retard à l'atterrissage, qui m'ont rendu admissible à ce remboursement !

Dans le même esprit que pour l'anecdote du cellulaire, si j'avais décidé de me fâcher et d'angoisser durant toutes ces heures d'attente cela m'aurait privée de plusieurs choses positives, sans compter que cela aurait pu engendrer d'autres circonstances négatives.

Vous avez sûrement déjà vécu l'expérience d'une série de « malchances » qui s'alignent les unes après les autres, ou à l'inverse, une journée où toutes les circonstances semblent tourner en votre faveur. Votre énergie et vos vibrations jouent un grand rôle dans votre vie. Il est important d'en prendre conscience. Même au travers des évènements les plus déplaisants, vous pouvez choisir vos réactions et en retirer du positif. Lorsque vous sentez que les choses commencent à mal tourner, prenez une pause, méditez, bougez, faites quelque chose qui vous fait sourire et qui vous rend heureux afin de renverser la vapeur. Essayez-le, vous serez surpris des résultats.

Ne laissez jamais les évènements vous affecter au point de gâcher votre vie, ni même votre soirée. Ayez confiance et restez positif afin de ne pas manquer les belles opportunités que la vie vous offre !

Rappelez-vous que la majorité des situations désagréables ne sont que temporaires et ne valent pas la peine de se mettre dans tous ses états. Pour vous aider, posez-vous les questions suivantes :

- Que penserez-vous de cette situation dans 5 ans ?

- Quel impact aura cette situation dans ma vie ?

- Puis-je trouver du positif concernant cette situation ?

- Si je change d'attitude, quels en seront les bienfaits ? Et si je ne change pas d'attitude, quelles en seront les conséquences ?

Remettez en question ce que vous preniez pour des vérités, et changez votre histoire !

Chapitre 7
Prendre de meilleures décisions

« Vous n'êtes qu'à une décision d'une vie
totalement différente. »
~ Mark Batterson

Notre vie est le résultat d'une série de décisions qui par la suite, créent des habitudes. La majorité de ces décisions ont un impact positif ou négatif sur notre vie ou celles des autres. Il est donc normal d'hésiter et de réfléchir avant de faire certains choix, surtout lorsqu'on se sent tiraillé entre le cœur et la tête.

Savoir prendre de bonnes décisions est un important facteur qui peut faire la différence entre la réussite et l'échec. Pourtant, généralement, personne ne nous l'a appris.

Mel Robbins, conférencière internationale, nous révèle que le cerveau envoie un signal d'alarme, qu'elle nomme le « frein d'urgence », chaque fois que l'on prend une nouvelle décision en dehors de notre routine. Le « frein d'urgence » nous empêche de sortir de notre zone de confort et d'agir suite à cette décision.

Pour le déjouer, vous devez prendre une décision, vous forcer à passer à l'action sans hésitation et apprendre à tolérer la période d'inconfort. Vous avez 5 secondes pour agir sur votre impulsion avant que le « frein d'urgence » vous en empêche.

L'intuition, l'instinct

« Faites enfin confiance à votre instinct,
même si vous ne pouvez en fournir la raison. »
~ Ralph Waldo Emerson

Qu'est-ce que l'intuition ? Selon Adam Kepecs, professeur de neurosciences, le sentiment subjectif de confiance, que l'on attribue à l'intuition, repose en fait sur des calculs objectifs effectués par le cerveau. Ce dernier enregistre énormément de données sans que l'on en soit conscient. Dans certains cas, ce qui semble être de l'intuition est plutôt un calcul statistique de données effectué inconsciemment.

Il existe une discipline nommée heuristique qui propose de résoudre un problème sans en faire une analyse détaillée, mais plutôt en se référant à des données concernant des problèmes similaires déjà identifiés. Une heuristique de jugement consiste en une opération mentale rapide et intuitive.

Lors d'une entrevue avec Justin Fox pour le Harvard Business Review, le psychologue Gerd Gigerenzer, qui a passé sa carrière à se concentrer sur les façons de prendre de bonnes décisions, déclare :

« Nous avons besoin d'une réflexion statistique pour un monde où nous pouvons calculer le risque, mais dans un monde d'incertitude, nous avons besoin de plus. Nous avons besoin de règles appelées heuristiques, et de bonnes intuitions. »

Gigerenzer décrit l'instinct comme étant un bon outil, face à l'incertitude, qui transmet des informations basées sur l'expérience ainsi qu'une forme inconsciente d'intelligence. Il soutient également que 50 % des décisions prises par d'importantes compagnies internationales, avec lesquelles il a travaillé, sont prises instinctivement. Il ajoute que les gestionnaires de ces compagnies n'admettraient jamais cela en public, et qu'ils font tout pour justifier leurs décisions par des éléments logiques.

En mars 2005, je partais pour Cuba pour la première fois. Tout était prêt, il ne restait plus qu'à signer les papiers avec l'agence de voyages. Mais lorsque j'ai voulu les signer, je n'y arrivais pas... Ne sachant pas trop pour quelle raison, j'ai donc demandé à l'agente de voyage de changer la réservation concernant le vol, la ville et l'hôtel. Elle semblait exaspérée et pensait probablement que j'étais complètement folle. Je savais pourtant que je devais écouter mon pressentiment, car chaque fois que je ne l'ai pas fait, j'en ai subi les conséquences. Après avoir passé environ une heure avec l'agente de voyage, on a finalement réservé un autre vol, dans un hôtel d'une ville différente.

Le voyage s'est très bien déroulé, et lors de la dernière journée on nous a appris que notre vol était reporté au lendemain. Eh oui ! Une autre anecdote de vol d'avion, qui plus est, de la même compagnie. Décidément je devrais peut-être revoir mes choix en matière de compagnie aérienne...

On ne nous a pas informés de la raison du retard, je ne l'ai apprise par les médias qu'à mon arrivée. Le vol sur lequel j'aurais dû être a eu des problèmes majeurs peu de temps après le décollage. Une explosion a projeté certains membres de l'équipage au sol, puis l'avion s'est mis à vaciller. Le pilote a demandé la permission d'atterrir d'urgence en Floride, mais la compagnie a décidé de les faire revenir à Varadero, à Cuba. Aux commandes d'un avion dont ils avaient peine à garder droit, les pilotes ont dû faire demi-tour, pour finalement atterrir à Varadero. Immédiatement après cet incident, la compagnie aérienne a suspendu tous les vols afin de procéder à des vérifications. Voilà pourquoi nous avons eu droit à une journée supplémentaire sur la plage, ainsi qu'une nuit et les repas à l'hôtel tous frais payés.

Finalement, ils ont constaté que l'avion avait perdu sa gouverne de direction (partie située sur le dessus de l'avion, à l'arrière du cône de queue) causant ainsi le vacillement. Il y avait 9 membres de l'équipage et 261 passagers à bord de ce vol. Suite à cet incident, plusieurs passagers ont déclaré avoir eu peur de mourir et avoir subi un traumatisme psychologique, ce qui a donné lieu à un recours collectif.

L'intuition demeure à ce jour un mystère pour plusieurs d'entre nous. Kerwin Rae, conférencier international, déclare qu'il y a deux raisons pour lesquelles les gens n'écoutent pas leur intuition : il y a trop de « bruit » (distractions) ou ils n'y font pas confiance.

Suite à un accident vasculaire cérébral (AVC), Rae a perdu sa mémoire à court terme. Étant dans l'incapacité de communiquer efficacement de façon verbale, il a appris à ressentir l'énergie des gens et à se fier à son intuition.

Il tente maintenant d'expliquer l'intuition de manière scientifique. Durant ses conférences, il soutient que toute forme de vie est constituée d'atomes, un noyau autour duquel gravitent des électrons. Les électrons communiquent entre eux par les photons, particules messagères composées de lumière, et se transmettent des informations constamment. Grâce à cette forme de communication, où la lumière remplace les mots, les atomes qui vibrent à la même fréquence sont attirés les uns vers les autres. Toute forme de vie serait donc interconnectée. Pour mieux comprendre, je vous suggère de visionner *How Intuition Works* de Kerwin Rae sur YouTube (disponible en anglais seulement, par contre l'explication à l'aide de dessins facilite la compréhension).

Selon cette théorie, l'information que notre intuition nous transmet proviendrait d'une source de données universelles, et serait donc d'une fiabilité incontestable. Les informations provenant de l'intuition semblent parfois illogiques, et pourtant elles sont justes.

Pour développer votre intuition, vous devez être à l'écoute et avoir confiance. Plus vous l'utiliserez, plus vous obtiendrez de bons résultats.

Les vibrations

Les gens ressentent vos vibrations, consciemment ou non, et sont influencés par celles-ci. Ils prennent des décisions et agissent constamment en fonction de leurs vibrations personnelles et de celles des autres. C'est pourquoi il est important d'y porter une attention particulière.

Plus le nombre de gens est élevé dans un même endroit, plus les vibrations sont fortes. Certains lieux sont favorables aux basses vibrations, notamment les centres commerciaux, les bars ou les endroits où l'on se sent mal sans raison particulière. Il existe également plusieurs lieux où l'on ressent de hautes vibrations tels que les églises, les centres de yoga et méditation, les forêts, etc. Si vous vous sentez vraiment mal, je vous suggère de vous rendre dans un de ces endroits pour méditer, pratiquer le yoga ou simplement vous détendre.

Plutôt que de chercher à vous protéger des basses vibrations, concentrez votre énergie à élever le taux de vos propres vibrations, ce qui aura pour effet d'accroître celui des gens qui vous entourent.

La méditation, le yoga, le Reiki, les mantras, la gratitude et une bonne alimentation peuvent vous aider à élever votre taux vibratoire. Prenez le temps de vous détendre et de respirer pour libérer le stress ou toutes autres émotions négatives. Bref, prenez soin de vous, soyez zen et positif c'est aussi simple que cela.

Lorsque j'avais 18 ans, je côtoyais un portier en Alberta qui avait une maitrise de soi exceptionnelle ; il réussissait à faire sortir les clients du bar sans les toucher. Ils obéissaient au son de sa voix, et ce même après qu'ils aient abusé d'alcool ou de drogues. Chaque fois que ce portier intervenait, les clients s'apaisaient et la tension baissait comme par magie. Je ne pourrais vous l'expliquer autrement que par le taux vibratoire ; les gens captent nos vibrations et elles ont un impact sur eux. Cela m'impressionnait vraiment, puis à force de l'observer, j'ai appris instinctivement à agir de façon similaire dans certaines circonstances.

Depuis que je suis toute petite, je ressens fortement l'énergie des gens qui m'entourent. Parfois, c'est d'une telle intensité que je me sens mal physiquement et que je dois m'éloigner. À l'inverse, certaines personnes ont un taux vibratoire très élevé qui vous fera sentir immédiatement calme et serein en leur présence. Un de mes professeurs de Tai Chi, que j'ai rencontré à 15 ans, fait partie de ces gens. J'ai repris un de ses cours dans la trentaine, suite à mon accident de voiture. Je tenais absolument à avoir ce professeur ; le simple fait d'être dans sa classe me faisait du bien. Lorsqu'il entrait en contact avec moi, pour me replacer lors de mes mouvements, j'avais l'impression que chaque cellule de mon corps était envahie par une puissante énergie. Il dégageait une telle sérénité et vitalité à la fois, qu'on aurait dit qu'il avait l'énergie d'un enfant et la sagesse d'un aîné.

Plusieurs expérimentations scientifiques et recherches ont eu lieu concernant l'énergie et son impact sur différents éléments tels que l'eau, les aliments et les plantes. En transmettant des vibrations positives vers l'eau, sa composition changerait et son taux de pollution diminuerait, et pour ce qui est de la nourriture, elle se conserverait plus longtemps. En ce qui concerne les plantes, elles seraient en meilleur état et pousseraient plus rapidement. Certaines études ont également démontré que le taux de criminalité baisse lorsqu'un nombre important de gens méditent dans une même ville.

Les Archives Akashiques

Bien que le concept d'Archives Akashiques soit plutôt ésotérique, j'ai tout de même choisi de le décrire brièvement dans ce livre. Il existe plusieurs récits à propos des Archives Akashiques, mais il n'y a pas d'évidence scientifique qui prouve leur existence jusqu'à présent. Vous jugerez de leur existence par vous-même selon vos croyances et vos expériences de vie.

Les premières références aux Archives Akashiques remontent à l'Antiquité. Le terme « Akasha » vient du Sanskrit et signifie « éther », « lumière astrale » ou « ciel ». Les Archives Akashiques représentent un espace symbolique d'éther où s'inscrivent chaque pensée, parole et action, comparable à une bibliothèque de connaissances universelles.

Ce concept rejoint l'explication de Kerwin Rae sur la communication des informations entre les atomes par la lumière. Les informations qui nous sont transmises par l'intuition proviendraient des données universelles des Archives Akashiques.

Selon cette théorie, chaque âme possède ses propres enregistrements de données et il existe également des mémoires collectives pour l'ensemble des âmes et de leur parcours. Il est possible d'accéder aux archives concernant le passé, le présent et un futur potentiel (le futur n'étant pas entièrement tracé à l'avance). La clairvoyance et la vision de l'avenir découleraient de l'accès aux Archives Akashiques.

Accéder à ces données permettrait donc de prendre de meilleures décisions. Alors comment peut-on y accéder ? Il existe différentes techniques, mais aussi simple que cela puisse paraître, il suffit de relaxer ou méditer en ayant l'intention de consulter les Archives Akashiques. Il est également possible d'y accéder durant votre sommeil.

Voici un exemple de technique en seulement quelques étapes simples :

- Méditer

- Répéter mentalement votre intention d'accéder aux Archives Akashiques (votre intention doit être pure).

- Visualisez une lumière blanche qui vous entoure.

- Lorsque vous vous sentez enveloppé par cette lumière demandez de vous rendre dans un lieu ou une époque en particulier, ou posez une question précise.

- Prenez des notes sur ce que vous avez vu ou entendu durant ce moment. Ces informations n'ont possiblement aucun sens pour l'instant, ou elles manquen de clarté, mais vous en comprendrez peut-être la signification ultérieurement.

*Si ce sujet vous intéresse et que vous souhaitez développer vos habiletés psychiques, je vous recommande de lire ou d'écouter des vidéos sur YouTube à propos d'Edgar Cayce.

Mieux choisir

« Vous êtes le créateur de votre vie ! Faites simplement les changements nécessaires et vous aurez la vie dont vous avez toujours rêvé. »
~ Nadia Caouette

Vous avez décidé d'abandonner vos rêves, de vous apitoyez sur votre sort ou de fuir la réalité ? Peu importe vos décisions, elles sont réversibles !

Comme le dit si bien Gabrielle Bernstein, on peut « choisir encore ». Elle utilise cette expression pour nous enseigner à porter attention à nos pensées. Lorsqu'une pensée négative survient, on doit d'abord en prendre conscience et ensuite en choisir une meilleure. Ce principe ne s'applique pas seulement à vos pensées, il peut s'appliquer partout dans votre vie.

Choisissez mieux vos pensées, mais également vos actions, vos habitudes, vos aliments, etc. Si jamais il vous arrive de faire un mauvais choix, vous en vouloir ne vous mènera à rien ; pardonnez-vous, remettez le compteur à zéro et allez de l'avant.

Avant de faire un choix qui pourrait vous nuire, arrêtez-vous quelques secondes pour vous poser les questions suivantes :

- Est-ce vraiment le meilleur choix ?

- Quelles en seront les conséquences ?

- Quels seraient les avantages de mieux choisir ?

Faites jouer toute l'histoire dans votre tête, en créant un scénario du début à la fin, jusqu'à dramatiser la situation à l'extrême si nécessaire. Par exemple, si vous êtes une acheteuse compulsive et que toutes vos cartes de crédit sont remplies au maximum de leur capacité, pensez au scénario suivant :

« Si j'achète cette robe, je serai heureuse pendant un moment, mais je le regretterai par la suite. J'augmenterai mon endettement alors que j'aurais pu utiliser cet argent pour réduire mes dettes. Je me sentirai coupable d'avoir fait cet achat, ma confiance en moi en sera affectée et je retournerai faire les boutiques pour me sentir mieux. Ce cercle vicieux va continuer et ma dette augmentera jusqu'à ce que je sois obligée de faire faillite. À long terme, je risque de tout perdre, même mes amis et ma famille, et de me retrouver à la rue. »

En faisant jouer un tel scénario dans votre tête chaque fois que vous êtes près de céder à la tentation, il y a de fortes chances pour que vous arriviez à y résister. Plus vous pratiquerez cet exercice, plus cela deviendra facile. Devenez une meilleure personne chaque jour, un choix à la fois.

Chapitre 8
La confiance

« Agissez de la façon dont vous aimeriez être et bientôt vous serez la façon dont vous agissez. »
~ Leonard Cohen

La psychologue sociale Amy Cuddy, professeur en administration des affaires à Harvard Business School, soutient que le langage corporel contribue à augmenter le niveau de confiance en soi. Son discours, *Votre langage corporel forge qui vous êtes*, a plus de 41 millions de vues à ce jour. C'est l'un des discours TED (Technology, Entertainment, Design ; une organisation médiatique qui diffuse des conférences en ligne gratuitement) les plus visionnés. Ce qui démontre pertinemment l'intérêt des gens au sujet de la confiance en soi.

Cuddy nous parle des différentes manières d'exprimer le pouvoir et la dominance. Elle mentionne notamment que s'étirer, s'ouvrir et prendre de l'espace serait associé à la confiance et au pouvoir, alors que se replier, se refermer et baisser la tête serait plutôt associé à de la soumission, de la résignation ou de la faiblesse. Les uns influencent le comportement des autres ; si l'un prend une position de pouvoir, l'autre se replie. Ces observations peuvent avoir lieu tant dans le monde des humains que dans le règne animal. Elle nous propose donc d'adopter des « positions de pouvoir » avant de faire face à une situation stressante, telle qu'une entrevue d'emploi ou un discours, et d'éviter les « positions de faiblesse ».

Il existe différentes positions de pouvoir telles que :

- Debout les bras dans les airs (comme si vous veniez de gagner une course).
- Debout les mains sur les hanches et la tête bien droite.
- Assis les bras croisés derrière la tête et les pieds croisés sur un bureau.

Ces positions auraient une influence sur la testostérone (hormone associée au pouvoir et à la dominance) et le cortisol (hormone associée au stress). Cuddy mentionne également que les leaders puissants ont un taux élevé de testostérone et un faible taux de cortisol.

Selon l'étude menée conjointement par Amy Cuddy, Dana Carney et Andy Yap, adopter une position de puissance, pendant deux minutes, augmenterait le taux de testostérone de 20 %, et diminuerait le taux de cortisol de 25 %. Alors que les positions de faiblesse engendreraient une diminution de testostérone de 10 % ainsi qu'une augmentation de cortisol de 15 %.

Ces résultats ont toutefois été contestés par d'autres études qui n'ont pas obtenu de résultats aussi significatifs. Cependant, les participants déclaraient tout de même ressentir plus de confiance. Peu importe que ce soit un effet placebo ou pas, c'est le résultat qui compte, vous n'avez donc rien à perdre à l'essayer.

Personnellement, je crois que porter attention à notre langage corporel a une certaine importance, surtout lors de moments décisifs. Cependant, vous devez également porter attention à vos pensées et votre énergie, qui affecteront tout autant votre confiance en vous.

Chapitre 9
Le bonheur

« Le bonheur est une aventure, pas une destination »
~ Inconnu

Notre bonheur ne devrait pas dépendre des circonstances extérieures, c'est pourtant le cas pour la majorité des gens. Il est facile d'être heureux lorsque tout va bien, mais qu'en est-il lorsque tout va mal ? D'où provient le bonheur et comment peut-on l'atteindre ? Plusieurs spécialistes et de nombreuses études se sont penchés sur la question.

Dan Gilbert, psychologue de Harvard, nous révèle quelques statistiques sur le bonheur durant son discours *La surprenante science du bonheur* (TED). Il mentionne qu'une personne qui devient paraplégique et une autre qui gagne à la loterie ont un niveau de bonheur équivalent un an après l'évènement. Selon lui, les épreuves que l'on subit ont moins d'impact, sont moins intenses et plus éphémères que l'on croit. Rien n'est bien ou mal en tant que tel, c'est notre système de pensée qui attribue une valeur négative ou positive aux évènements.

Barry Schwartz, psychologue qui a écrit *Le paradoxe du choix*, nous explique que la disponibilité d'un trop grand nombre d'options nous paralyse et augmente notre degré d'insatisfaction. Chaque jour, on doit prendre de nombreuses décisions concernant tous les produits, des céréales jusqu'au cellulaire, que l'on consomme. Les boutiques en ligne ont également multiplié le nombre de possibilités concernant nos achats. On retrouve le même phénomène avec Tinder, ou tout autre réseau de rencontres ; trop de choix fait en sorte qu'on ne choisit pas ou encore, qu'on éprouve de la déception face à nos choix. Vivre dans une société où l'on a de multiples options, augmente le niveau de nos attentes et encourage la recherche de la perfection, qui demeure inatteignable. Plus d'options, moins de bonheur !

Nous vivons dans une société de surconsommation où tout est jetable, les gens autant que les objets. Le système économique dans lequel on vit actuellement encourage les séparations et les divorces en valorisant le célibat, symbole de liberté. Du point de vue économique, c'est beaucoup plus rentable que les gens vivent séparément puisqu'ils consomment tout en double : logement, électricité, Internet, meubles, etc. De plus, les célibataires dépensent davantage que les gens en couple pour des vêtements, des produits ou services esthétiques, des activités et sorties de toutes sortes.

Ayant pris l'habitude de consommer, on a fini par se créer des besoins. En réalité, posséder un nombre incalculable de choses nuit à notre bonheur. Le plaisir que procure un nouvel achat n'est que temporaire et ne contribue généralement pas à notre bonheur à long terme.

Selon le discours de Shawn Achor, *L'heureux secret d'un meilleur travail* (TEDx), notre productivité augmente de 31 % lorsque nous sommes heureux. La dopamine, hormone sécrétée lorsqu'on est positif, a deux fonctions : nous rendre heureux et activer les centres d'apprentissage du cerveau.

Achor nous recommande d'apprendre à être heureux d'abord, et le succès suivra. Il mentionne que 75 % des réussites sont dues au niveau d'optimisme, au soutien de l'entourage et à la capacité de percevoir le stress comme un défi et non une menace. Plusieurs activités contribuent à augmenter votre positivisme, il en suggère quelques-unes :

- La gratitude

- Écrire un journal (relater une ou des expériences positives vécues dans les dernières 24 heures)

- L'exercice

- La méditation

- Les actes de bonté aléatoires (remercier ou faire un compliment)

Depuis plus de 40 ans, le Danemark arrive en tête des pays les plus heureux selon l'Organisation des Nations Unies. Malene Rydahl, auteur de *Heureux comme un Danois*, présente quelques hypothèses concernant le niveau de bonheur des gens qui vivent au Danemark : l'égalitarisme entre les classes sociales, l'égalité hommes-femmes, le système scolaire qui mise sur le développement personnel et non la réussite, et les temps libres (semaine de travail de 33 heures).

Les Danois ont une habitude, qu'ils considèrent comme un art de vivre, nommée le « hygge ». Ce mode de vie consiste à passer du temps de qualité ensemble, que ce soit en famille ou entre amis. Durant ces moments, le confort, l'amitié et l'authenticité sont de mise, ce qui contribue également à leur bonheur.

L'étude Grant et Glueck de Harvard, une des plus longues études jusqu'à ce jour, nous renseigne également sur le bonheur. Elle s'étend sur plus de 75 ans et a été menée sur 456 hommes pauvres de Boston et 268 hommes diplômés de Harvard. Les nombreuses données recueillies au cours de cette étude ont révélé que le facteur principal du bonheur serait d'entretenir de bonnes relations avec les autres. Eh oui !

C'est aussi simple que cela ! On serait plus heureux et en meilleure santé en créant des liens profonds avec les gens qu'on aime. En vieillissant, la mémoire serait meilleure, la douleur physique ne brimerait pas notre bonheur et l'on vivrait plus longtemps.

TROISIÈME PARTIE

Les neurosciences

« Je ne règle pas les problèmes. Je règle mes pensées. Ensuite, les problèmes se règlent d'eux-mêmes. »
~ Louise Hay

Les neurosciences sont un ensemble d'études scientifiques de la structure et du fonctionnement du système nerveux. La biologie, la chimie et les mathématiques font partie des champs de recherche en neuroscience. Ces sciences nous permettent, entre autres, de connaître le fonctionnement du cerveau et son influence sur nos émotions, nos réactions et nos comportements.

Chapitre 10
La glande pinéale (Épiphyse)

La glande pinéale, qui doit son nom à sa forme de pomme de pin ou d'ananas (pineapple, en anglais), est aussi connue sous le nom de troisième œil. Cette glande, de la grosseur d'un grain de riz, produit de la mélatonine, une hormone dérivée de la sérotonine qui régularise le cycle éveil-sommeil. Elle comporte également certaines caractéristiques que les yeux possèdent, puisque ce sont les vestiges du troisième œil reptilien.

Pour les anciennes civilisations, le troisième œil avait de nombreux pouvoirs, il représentait l'illumination et le siège de l'âme. On le retrouve dans plusieurs œuvres de l'Égypte ancienne, qui le considérait comme une porte donnant accès à d'autres dimensions. En Inde, il est encore aujourd'hui représenté par un point sur le front au milieu des sourcils. Situé à la pointe illuminée d'une pyramide, le troisième œil est également présent sur les billets d'un dollar américain.

En 2013, les chercheurs de l'université du Michigan ont découvert que la glande pinéale des rats produisait du DMT, une molécule psychotropique, qui modifie le psychisme et le comportement. Cette découverte avait été prédite depuis des décennies par le psychiatre Rick Strassman. Le DMT serait présent dans le corps humain lors du cycle REM du sommeil et juste avant la mort. Les scientifiques soutiennent que plus de 200 plantes contiendraient du DMT. Cette substance qui élargit le champ de conscience est associée au 6e sens, à la spiritualité et aux phénomènes mystiques tels que la distorsion du temps et les expériences hors du corps. La glande pinéale nous permettrait d'accéder à la source de données universelles (Archives Akashiques).

Plusieurs recherches ont démontré que la glande pinéale a tendance à se calcifier avec les années, ce qui nuit à son bon fonctionnement. Pour l'aider à se décalcifier, on doit éviter les toxines comme le fluorure (contenu dans l'eau du robinet et la pâte à dentifrice), s'exposer à la lumière du soleil, dormir dans l'obscurité et pratiquer la méditation. Un meilleur fonctionnement de cette glande régularisera le cycle éveil-sommeil et augmentera notre sensibilité, nos perceptions et nos capacités de télépathiques.

Chapitre 11
Reprogrammation du cerveau

Vos croyances et vos pensées, qui déterminent vos émotions et vos réactions, ont une grande influence sur votre vie. Il est important de prendre conscience de ces croyances et pensées et les reprogrammer afin qu'elles soient plus positives. Il existe de nombreuses techniques de reprogrammation du cerveau, vous en retrouverez quelques-unes dans les pages qui suivent.

Le cerveau cherche constamment à recréer ce sur quoi l'on concentre notre attention, de sorte que cela devienne notre réalité. Voici un exercice simple et rapide pour le prouver :

1. Regardez autour de vous environ 15 secondes et mémorisez le plus d'objets bleus possible, puis revenez à votre lecture.

2. Maintenant, tournez le dos à la pièce où vous avez retenu ces objets en mémoire, et essayez de nommer des objets de couleur verte, et non pas bleue. Cela sera beaucoup plus difficile, surtout si vous faites cet exercice dans un endroit qui ne vous est pas familier, puisque vous avez programmé votre cerveau pour retenir seulement les objets bleus. Votre cerveau a enregistré les informations que vous lui avez demandé de mémoriser et a fait abstraction des autres.

En pensant constamment à vos problèmes ou à des situations négatives, vous attirez beaucoup plus de négatif dans votre vie. Il est donc très important de vous concentrer sur ce que vous désirez, et non sur vos manques (d'argent, d'énergie, d'affection, etc.) ou sur vos ennuis.

Dès l'âge de 12 ans, je répétais que j'aurais trois enfants, deux garçons et une petite fille blonde que je nommerais Sacha (prénom choisi vers l'âge de 15 ans), dans cet ordre. Et c'est exactement ce qui est arrivé !

Le cerveau a besoin de répétition et de structure pour le bon fonctionnement des circuits neuronaux. Ne lui envoyez pas de message contradictoire, donnez-lui plutôt des instructions claires et positives dans un langage approprié. Si par exemple, vous souhaitez démarrer une entreprise et que vous vous dites :

« Ce serait fantastique d'avoir ma propre entreprise. Cela me donnerait la possibilité de gérer mon horaire et d'augmenter mes revenus ».

Et que vous pensez aussi ceci :

« Je n'ai aucune idée comment démarrer mon entreprise, si je n'y arrive pas je devrai faire faillite. Je travaillerai probablement de nombreuses heures et je n'aurai plus de temps pour ma famille.»

En recevant deux messages, cela crée de la confusion ; votre cerveau s'abstient alors de toute intervention. Il ne prendra aucune décision à votre place, vous devez lui indiquer ce que vous voulez vraiment et cesser de faire de l'auto-sabotage. Analysez la situation, puis prenez une décision et accordez vos pensées, vos paroles et vos gestes en fonction de cette dernière.

Vanessa M. Patrick et Henrik Hagtvedt ont réalisé une étude sur les façons de rompre avec de mauvaises habitudes en utilisant trois formules différentes. Par exemple, si quelqu'un vous offre un dessert que vous avez choisi de ne plus manger, vous pourriez répondre de trois façons différentes :

1. Je ne « verbe d'action » pas (I don't)
   Ex. : <u>Je n'</u>en mange <u>pas</u>.
2. Je ne peux pas « verbe d'action »
   Ex. : <u>Je ne peux pas</u> manger ce dessert.
3. Non
   Ex. : <u>Non</u>, merci.

Selon vous, laquelle de ces formules est la meilleure pour rompre avec une mauvaise habitude ? Cette étude a démontré que l'utilisation de la première option est jusqu'à 8 fois plus efficace que « Je ne peux pas » et presque 3 fois plus efficace que « Non ».

Le cerveau traite différemment l'information selon les expressions et les mots que l'on emploie. Nos réactions émotives face à ces trois formules sont également différentes ; la première évoque un choix tandis que la seconde évoque plutôt l'interdiction. Pour augmenter nos chances de réussite et mettre fin aux mauvaises habitudes, on doit choisir attentivement nos paroles et nos pensées.

Selon Steve Abd-Al-Karim, inventeur du programme *Boosteur d'intelligences*, douze jours suffisent pour reprogrammer le cerveau à utiliser un vocabulaire différent. Chaque mot que l'on utilise a un impact dans notre vie, puisque le cerveau les enregistre et prend ensuite des décisions à partir de ces données. Il n'annulera pas l'enregistrement d'un mot péjoratif par le simple fait de l'associer à une formule de négation. Il faut donc éviter de dire des mots tels que problème, impossible, épuisé, stressé, etc. Il suggère également de reprendre les paroles des autres lorsqu'elles contiennent des mots péjoratifs s'adressant à nous. Par exemple, si un ami ou un collègue vous dit :

« Tu n'y arriveras pas, c'est impossible ! »

Vous pouvez lui répondre ceci :

« Tu veux dire que ça ne sera pas facile. »
(Et non pas « J'y arriverai sans problème. »)

Portez attention à vos expressions et aux mots que vous utilisez fréquemment, leur répétition augmente leur puissance. Changez votre discours, utilisez seulement des termes positifs.

Coaching Cognitif et Comportemental (CCC)

« Vous êtes la seule personne à pouvoir choisir vos pensées, vos sentiments et vos émotions. »
~ Nadia Caouette

Les origines du Coaching Cognitif et Comportemental remontent aux études de John B. Watson et Rosalie Rayner sur le conditionnement en 1920. Par la suite, il y eut plusieurs contributeurs importants tels que Aaron Beck, Albert Ellis, et Joseph Wolpe et il existe désormais quelques variantes de cette approche.

Le coaching cognitif et comportemental est basé sur l'interaction entre les pensées, les émotions et les réactions. L'objectif de cet exercice est de vous faire prendre conscience de vos pensées et de vos croyances limitantes, inexactes ou négatives (dimension cognitive), afin que vous puissiez reconnaître les situations difficiles et y répondre de façon plus adéquate (dimension comportementale). Cette technique de coaching vous permettra de changer vos schémas et votre perspective, dans le but d'adopter des comportements plus positifs, productifs et compatibles avec vos besoins ainsi que vos objectifs.

Les exercices suivants visent à faire ressortir les croyances limitantes (ou limitative) enfouies dans votre subconscient. Ces croyances sont des convictions qui vous empêchent d'atteindre votre plein potentiel. Elles sont considérées comme véridiques et engendrent des réactions automatiques.

Exercice 1

Dans un premier temps, reproduisez le tableau suivant en plus grand format (manuellement ou à l'aide d'un photocopieur ou d'un numériseur). Ensuite, choisissez chaque jour deux évènements pour lesquels vous auriez préféré réagir ou vous sentir autrement. Décrivez brièvement cet évènement, puis faites un effort pour vous rappeler de la pensée qui a précédé votre émotion et votre réaction. Inscrivez cette pensée dans votre tableau ainsi que la réaction et l'émotion qui ont suivi. Notez également l'intensité de cette réaction ou de cette émotion sur une échelle de 1 à 10.

Grille d'auto-observation CCC (1)

Jour	Évènement	Pensée	Émotion Réaction (Intensité)
Lundi			/10
			/10
Mardi			/10
			/10
Mercredi			/10
			/10
Jeudi			/10
			/10
Vendredi			/10
			/10
Samedi			/10
			/10
Dimanche			/10
			/10

*Dès qu'un évènement survient, prenez en notes vos pensées, émotions et réactions pour ne pas les oublier. Ce premier exercice ne se pratique qu'une seule fois.

Exercice 2

Dans la seconde étape du coaching cognitif et comportemental, on analyse les premières pensées qui nous viennent à l'esprit en se posant des questions telles que :

- Cette pensée m'apporte-t-elle quelque chose de positif ?
- Est-elle réaliste ?
- Par quelle pensée plus réaliste et positive pourrais-je la remplacer ?

Chaque fois que l'ancienne pensée négative refait surface, on la remplace par la nouvelle aussi rapidement que possible. Éventuellement, après plusieurs répétitions, la nouvelle pensée positive deviendra automatique.

Reproduisez le tableau suivant et remplissez-le à partir de nouveaux évènements, mais cette fois en prenant soin d'y inclure une pensée positive et plus réaliste. Il est important de faire cet exercice par écrit durant une ou deux semaines et par la suite vous pourrez continuer à le faire mentalement. Répétez autant de fois que nécessaire afin que vos pensées négatives récurrentes se transforment. Vous constaterez tranquillement que vos émotions et vos réactions changent pour le mieux.

Grille d'auto-observation CCC (2)

Évènement	Pensée	Nouvelle Pensée	Émotion Réaction (Intensité)
			/10
			/10
			/10
			/10
			/10
			/10
			/10
			/10
			/10
			/10
			/10
			/10
			/10
			/10

Cerveau droit, cerveau gauche

On a longtemps cru que le cerveau était immuable, mais on sait désormais qu'il est modulable, c'est ce qu'on appelle la neuroplasticité. Le fonctionnement du cerveau est très complexe, toutefois apprendre quelques notions de base vous aidera à comprendre certains de vos comportements et de vos réactions.

Le cerveau est principalement composé de deux hémisphères, le droit et le gauche, auxquels on attribue différentes fonctions. L'utilisation du terme « cerveau gauche » ou « cerveau droit » est fréquemment employée pour faire référence à ces deux hémisphères.

Le cerveau gauche est associé à tout ce qui concerne la logique, le côté théorique et l'analyse de données. Il gère entre autres la parole, la lecture, l'écriture, la planification, les mouvements complexes et l'apprentissage des sciences et des mathématiques. Il mémorise en termes de mots, de faits et de données. L'utilisation de la main droite favorise l'activité de l'hémisphère gauche.

Le cerveau droit quant à lui est associé à la créativité et l'espace spatial. Il gère entre autres les directions, la distance, les émotions, l'imagination, la musique, l'art, le non verbal. Il mémorise en termes d'images et de sentiments, et il reconnaît les visages et expressions faciales. L'utilisation de la main gauche favorise l'activité de l'hémisphère droit. Idéalement, on devrait utiliser chacune de nos mains dans différentes activités afin de stimuler les deux hémisphères.

Le cerveau joue un grand rôle dans notre vie, on doit donc porter une attention particulière à ses besoins. Les neurologues ont découvert que le manque de sommeil sur une longue période pouvait lui causer autant de tort que l'abus d'alcool ou l'usage de cigarettes ou de drogues. Heureusement, une grande partie de ces dommages se réparent en rectifiant la situation, c'est-à-dire en cessant de consommer des substances nocives ou en augmentant nos heures de sommeil selon la problématique.

Grâce aux recherches scientifiques, on sait désormais que les traumatismes, physiques ou psychologiques, engendrent fréquemment un blocage émotionnel. Cela peut également se produire lorsqu'une situation, qui nous affecte émotionnellement, se reproduit à quelques reprises dans un court laps de temps. Si par exemple, vous avez vécu trois ruptures amoureuses durant les deux dernières années, votre cerveau a peut-être créé un blocage émotionnel. Suite à cela, on devient moins sensible, moins proche de nos émotions. À long terme, ce mécanisme de protection peut devenir une entrave à votre évolution et affecter vos relations avec les autres.

Pour régler ce problème, vous devez réactiver les fonctions du cerveau droit d'une autre façon que par la situation qui a créé le blocage. Par exemple, si vous n'arrivez plus à aimer, développez votre côté artistique en pratiquant des activités telles que la photographie, le dessin, la musique, etc. Et à l'inverse, si vous n'avez plus de créativité, aimez plus, créez des liens avec votre entourage, prenez soin des autres ou allez faire du bénévolat. Le cerveau va recréer des circuits et votre blocage finira par disparaître avec le temps. Prenez soin de votre cerveau et il prendra soin de vous !

EFT (Tapping)

« L'ancêtre de chaque action est une pensée. »
~ Ralph Waldo Emerson

Dans les années 1980, Roger Callahan, psychologue et hypnothérapeute, étudie les méridiens chinois et découvre que le tapotement de ces derniers a un effet direct sur les émotions. Il développe ainsi la TFT (Thought Field Therapy / Thérapie du champ de réflexion).

Callahan enseigne sa méthode à Gary Craig qui à son tour l'applique à ses patients. Au fil des années, il la simplifie en réduisant le nombre de points méridiens et crée une séquence de base. La méthode simplifiée de Gary Craig, qu'il nomme l'EFT (Emotional Freedom Technique / Technique de libération émotionnelle), commence à se faire connaître vers le milieu des années 1990. Son succès est dû à sa simplicité, sa rapidité d'exécution et à ses excellents résultats.

La technique EFT, communément appelée *Tapping*, est utilisée pour éliminer les dépendances, les blocages émotionnels, les croyances limitantes et même les problèmes de santé. Elle fonctionne de façon semblable à l'acupuncture, par la stimulation de points précis sur les méridiens énergétiques ; les aiguilles sont remplacées par des tapotements.

Voici les neuf points principaux utilisés au cours de la séquence de base EFT (voir également les pages suivantes avant de commencer à pratiquer cette méthode) :

1. Le point karaté (voir image de la main).
2. Le sommet de la tête, le plus haut point du crâne.
3. Le début du sourcil, au-dessus du nez.
4. Le coin de l'œil, sur l'os.
5. Sous l'œil, sur l'os (environ 2 cm sous la pupille).
6. Le petit espace entre le nez et la lèvre supérieure.
7. Entre la lèvre inférieure et le menton.
8. Sous la clavicule, point situé au commencement et légèrement sous la clavicule (voir image).
9. Sous le bras, environ 10 cm sous l'aisselle, situé sur une ligne horizontale passant par le mamelon.

Tapotez tous ces points (5 à 7 fois) avec votre index et votre majeur. Pour le dessus de la tête, vous pouvez utiliser le plat de la main.

*Je vous recommande d'aller voir les vidéos de Gary Craig, sur YouTube pour plus de détails sur cette technique. Cela facilitera grandement votre compréhension.

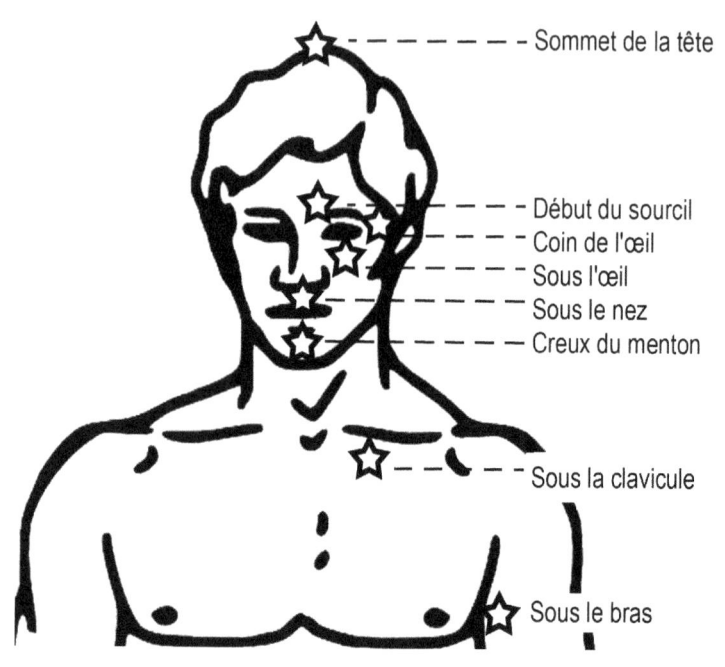

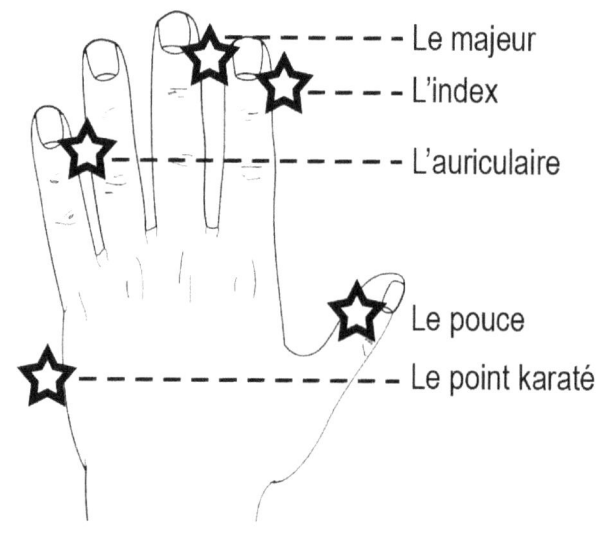

Les étapes de la technique de base EFT :

1. Identifier votre problème.
2. Évaluer votre ressenti face à votre problème sur une échelle de 1 à 10 (10 étant le niveau maximum).
3. Formuler une phrase en lien avec votre problème : « Même si (nommez le problème), je m'aime et je m'accepte complètement. ».
4. Tapoter le point Karaté en répétant cette phrase.
5. Décrire votre problème en tapotant sur les huit autres points (voir image de l'homme), puis reformulez de manière plus positive (points 1, 3, 4, 5, 8, 9, un seul côté suffit, mais vous pouvez faire les deux).
6. Réévaluer votre ressenti et recommencer jusqu'à ce que vous atteigniez 0 (les gens pratiquent généralement cette méthode entre 5 à 7 minutes en moyenne).

Au cours de la séquence, parlez de votre problème en prenant soin de mentionner tous les points négatifs concernant ce dernier, puis continuez en reformulant la situation de manière plus positive. Cette méthode a pour objectif de neutraliser le négatif.

Si par exemple, vous avez peur de l'échec :

« Je n'ai pas confiance en moi, je n'arrive pas à entreprendre quoi que ce soit par peur d'échouer. Cela me rend malheureux, mais je ne sais pas quoi faire pour changer la situation. J'aurais envie poser ma candidature pour un poste de direction, mais je ne me sens pas à la hauteur ; pourtant, je suis convaincu d'avoir les compétences nécessaires pour remplir cette fonction... Peut-être que pour une fois je pourrais cesser de me laisser mener par ma peur et choisir de me lancer. Si je ne le fais pas, je le regretterai. Plusieurs de mes collègues pensent que je suis le candidat idéal pour ce poste, donc j'aurai du soutien si j'en ai besoin... »

Les points suivants sont des points supplémentaires qui ne font pas partie de la technique de base. Vous pouvez toutefois les ajouter à votre séquence si vous en ressentez le besoin ou si vous souhaitez travailler sur une problématique précise. Tapotez le coin de l'ongle pour ces points.

- Le pouce :
    Anxiété, chagrin, intolérance, capacité respiratoire

- L'index :
    Culpabilité, besoin de contrôle, lâcher-prise, pardon

- Le majeur :
    Circulation, colère, jalousie, regrets, enthousiasme

- L'auriculaire :
    Peine de cœur, capacité à aimer, estime de soi

La visualisation

Les neurosciences ont démontré que le cerveau ne fait pas la différence entre l'imaginaire et le réel. Les mêmes centres du cerveau sont activés que vous vous imaginiez en train de courir ou que vous couriez vraiment. Ce qui explique pourquoi la visualisation est un moyen efficace pour atteindre ses objectifs.

Les athlètes, de toutes les disciplines, utilisent cette méthode dans le but d'améliorer leur performance. Elle leur permet de réussir de nouveaux exploits dans le monde imaginaire qu'ils n'arrivent pas encore à exécuter dans la réalité. Au cours du processus de visualisation, le cerveau enregistre plusieurs données, ce qui facilitera ensuite l'accomplissement de ces prouesses dans la réalité. En outre, puisque le nombre de pratiques accroît généralement le résultat des performances, la visualisation répétitive multiplie les chances de réussite.

Pour décupler la puissance de la visualisation, vous devez vous imaginer être l'acteur principal d'un film ; vous ne faites pas que regarder le film, vous le vivez ! Ressentez tout ce que vos cinq sens peuvent percevoir : les textures, le son, les odeurs, la chaleur, le vent, etc. Ajoutez-y aussi les sentiments et les émotions, plus ce sera réel et plus vous augmenterez le pouvoir de matérialisation.

Vous pouvez pratiquer cette technique chaque matin en prenant une minute ou deux pour imaginer le cours de votre journée. La visualisation peut même vous aider à guérir et à vous libérer de certains traumatismes psychologiques. Le Dr Wayne W. Dyer, auteur et conférencier international qui a vendu des millions de livres, soutient que visualiser votre corps en excellente santé et incarner cette personne favorisera la guérison.

Tableau de visualisation

Comme vous le savez maintenant, le cerveau recherche le moyen de matérialiser ce sur quoi on concentre notre attention et notre énergie (section *Reprogrammation*). Voilà pourquoi faire un tableau de visualisation est très utile.

Un morceau de carton (ou une simple feuille), de la colle, des ciseaux, et des images suffisent pour créer un tableau de visualisation. Choisissez des images, des photos, des mots, des citations qui vous inspirent et vous font sentir bien. Collez tous ces éléments sur votre carton.

Sélectionnez des éléments concernant vos objectifs dans toutes les sphères de votre vie. Soyez le plus précis possible, par exemple, choisissez LA maison que vous désirez vraiment. Une image d'une maison qui convient à ce que vous recherchez fera l'affaire, mais c'est encore mieux si vous prenez une photo de celle que vous souhaitez acquérir. Si vous êtes malade ou blessé, incluez-y une ancienne photo de vous en parfaite santé (tel que vous étiez avant la maladie ou l'accident). Ajoutez ou retirez certains éléments de votre tableau à votre guise tout au long de l'année, ou renouvelez-le complètement selon vos besoins.

Placez votre tableau de visualisation dans votre chambre à coucher près de votre lit. Le moment qui précède le sommeil et celui du réveil sont les périodes idéales pour le regarder. Au cours de ces périodes, votre cerveau produit des ondes Alpha et ce rythme cérébral est plus propice à enregistrer l'information dans le subconscient.

*Je vous recommande la lecture de *Vos vœux sont exaucés* du Dr Wayne W. Dyer pour en apprendre davantage sur la visualisation.

QUATRIÈME PARTIE

Déterminer ses objectifs

Un objectif sans plan n'est qu'un souhait
~ Antoine de Saint-Exupéry

Il n'y aura jamais de moment parfait pour faire ce que vous voulez, alors MAINTENANT c'est parfait ! Commencez aujourd'hui, la vie est courte, profitez-en au maximum !

Chapitre 12
Trouver sa voie

« Ne gaspillez pas votre temps à pourchasser les papillons.
Entretenez votre jardin et les papillons viendront. »
~ Mario Quintana

Après un diplôme d'études collégiales en Lettres et Langues, suivi d'une année en Art visuel, j'ai finalement choisi de faire mes études universitaires en Communication graphique. J'avais vraiment envie d'étudier la psychologie, mais comme je l'ai déjà mentionné, j'avais la croyance que j'étais trop jeune et que je manquais d'expérience de vie pour faire ce métier.

J'étais convaincue de devoir faire des études universitaires pour répondre aux attentes de mes parents, avoir un bon salaire et subvenir aux besoins de ma famille. Cela répondait également à mon égo et son besoin de fierté. J'ai adoré mes années d'études, par contre j'avais toujours le sentiment de ne pas avoir trouvé ma place dans ce monde, je me sentais déconnectée, perdue et différente des autres.

J'ai été graphiste durant quelques années pour différentes compagnies, mais ce travail ne me rendait pas heureuse. Un jour, j'en ai eu assez, je me suis levée et j'ai démissionné. Ce jour-là, je me suis sentie libérée, mais aussi encore plus perdue. Je me suis donc donné la mission de trouver ma voie.

Je me suis inscrite à des ateliers d'écriture avec Marc Fisher et Christine Michaud, j'ai suivi des cours de Reiki, de Naturopathie, d'enseignement du Yin Yoga, et j'ai lu un grand nombre de livres. Puis, j'ai retrouvé un feuillet, que j'avais rempli à l'adolescence lors d'un séminaire, sur lequel il y avait une question sur notre mission de vie. À cette époque, j'adorais assister à des conférences et lire des livres, que ma mère laissait traîner dans le salon, sur le développement personnel. Dans ce feuillet et dans mes notes personnelles, je mentionnais que je voulais guérir les gens, écrire et faire des conférences.

Une force à l'intérieur de moi me poussait à retrouver mon essence, je ne pouvais ni l'ignorer ni reculer. Cette petite voix, que j'avais si bien appris à faire taire depuis de nombreuses années, se mettait maintenant à hurler. Puis, au cours d'un dîner, un ami m'a dit ceci :

« J'aime vraiment ça discuter avec toi, sais-tu pourquoi ? Parce que c'est comme une thérapie gratuite. »

Je lui fis alors part de mon désir de suivre une formation en coaching. Il me répondit de foncer, que le plus difficile serait de m'inscrire et que le reste irait de soi. Ce cours de coaching fut le début d'une nouvelle vie et de nombreux projets !

Connaissez-vous la parabole de la grenouille dans une marmite ? Si l'on met une grenouille dans une marmite remplie d'eau bouillante, elle sautera immédiatement hors de l'eau. Or, si on la place dans une marmite d'eau froide sous laquelle on allume un feu, elle prendra plaisir à y nager. Ensuite, l'eau commencera à se réchauffer, la grenouille bougera un peu moins mais continuera de nager sans s'affoler. Lorsque l'eau deviendra encore plus chaude, elle commencera à trouver cela désagréable. Se sentant affaiblie, elle ne fera rien pour sortir de la marmite. Puis l'eau va se mettre à bouillir et la grenouille finira par mourir.

Trouver sa voie est un processus qui engendre généralement des changements majeurs dans notre vie. Les gens commencent cette quête au moment où le sentiment d'inconfort devient intolérable, lorsqu'ils n'ont plus le choix ou suite à un évènement marquant. Mais vous n'êtes pas obligé d'attendre d'être rendu à ce stade pour prendre une décision et faire des changements dans votre vie !

Si vous n'avez plus envie de continuer ce que vous faites actuellement, c'est probablement parce que vous avez une autre mission plus importante à accomplir. Partez à la recherche de cette mission et faites-le avec l'esprit ouvert sur les nouvelles opportunités. Soyez à l'écoute de votre cœur et de votre voix intérieure.

Revenez à la source, identifiez ce que vous faites avec plaisir sans voir le temps passer, ce que vous feriez même sans être rémunéré, ou retrouvez ce que vous aimiez faire quand vous étiez enfant. Connectez-vous à votre âme, votre essence, votre moi intérieur. Découvrez quels sont vos vrais rêves, pas ceux de l'égo, ceux qui sont profondément enfouis et qui vous rendent heureux juste à y penser. La méditation, le reiki et le yoga peuvent vous aider à vous recentrer et à trouver des réponses. Vous pouvez également consulter un psychologue ou un coach pour accélérer ce processus.

Lorsque vous ressentirez « l'élan » ou « l'étincelle », soyez courageux et passez à l'action. Une action mène à une autre et plus tôt que vous ne le pensez, un changement débute. L'univers entier travaille pour vous ouvrir les portes, faites un pas et la vie vous aidera !

L'arbre aux feuilles roses

« Ma chérie, quand vas-tu réaliser qu'être normal n'est pas nécessairement une vertu ? Cela dénote parfois plutôt un manque de courage. »
~ Tante Frances

En maternelle, ma fille Sacha, au tempérament d'artiste, adorait dessiner. Lors de la première réunion parentale de routine, l'enseignante m'explique qu'elle dessine des objets multicolores et qu'il faudrait qu'elle apprenne à utiliser les « bonnes couleurs ».

L'enseignante me présente ensuite un de ses dessins, en me mentionnant que ma fille était la seule à ne pas avoir fait un arbre avec des feuilles vertes et un tronc marron. L'arbre, le gazon et le ciel étaient multicolores… et c'était magnifique !

Je lui répondis poliment que ma fille de cinq ans savait parfaitement de quelles couleurs étaient les arbres et qu'elle préférait choisir les couleurs en fonction de son inspiration du moment. J'ai ajouté que je ne voyais pas où était le problème puisque le but de l'exercice était justement d'exprimer son côté artistique. Et puis tout bien considéré, les feuilles des arbres sont multicolores en automne, et le ciel bleu est parfois teinté de rouge, de rose ou d'orangé au lever ou au coucher du soleil.

Ayant étudié les arts au cégep et à l'université durant 4 ans, j'avais reçu un enseignement totalement opposé, selon lequel on nous incitait à nous démarquer, à être original et à sortir de stéréotypes. Je n'arrivais donc pas à croire ce que je venais d'entendre. Cette rencontre m'a fait prendre conscience à quel point le système d'éducation scolaire peut nous brimer, et ce dès un très jeune âge.

En rentrant à la maison, j'ai dit à ma fille que son dessin était magnifique, et que si l'enseignante lui demandait de le refaire avec les « bonnes couleurs », c'était parce qu'elle ne comprenait ni les artistes, ni la signification du mot « art ». Dans le but de m'assurer qu'elle se sente à l'aise de s'exprimer à sa façon, et que les commentaires de son enseignante ne la blesseraient pas au cours de l'année, j'ai ajouté qu'être différent des autres était une qualité et non pas un défaut.

Innover, sortir des sentiers battus

« Le plus tôt vous sortirez de votre zone de confort ;
le plus tôt vous réaliserez que ce n'était
vraiment pas si confortable. »
Eddie Harris Jr.

Penser par soi-même, s'exprimer librement, ne pas suivre la masse et développer son côté créatif contribue grandement au bonheur, alors faites-le et encouragez vos enfants à le faire. Soyez créatif et original, et vous trouverez ainsi des solutions pour vous rendre la vie plus agréable.

Depuis que je suis toute petite, je me suis toujours sentie différente, comme si je venais d'une autre planète ou que je ne vivais pas à la bonne époque. Je m'efforçais de suivre le chemin que la société a tracé d'avance pour nous : l'école, devenir employé pour une compagnie, se marier, avoir une maison et des enfants. La plupart des gens suivent ce chemin, sans se poser trop de questions, et sont pourtant malheureux.

Dans mon cas, j'ai fait ce parcours, mais dans un ordre différent, avec quelques interruptions ici et là. Je vivais ma vie à cent milles à l'heure. À l'âge de 23 ans, j'étais mariée avec trois enfants et une maison. J'étudiais, je pratiquais plusieurs sports, je voyageais et j'avais plusieurs bons amis. J'avais le sentiment d'avoir déjà atteint tous mes objectifs de vie. Je me sentais souvent déprimée malgré le fait que j'avais tout ce dont j'avais rêvé, ou du moins c'est ce que je croyais. Mon seul bonheur me venait de mes enfants.

Puis on a fini par divorcer, les enfants ont grandi et ils n'avaient plus autant besoin de moi. Je ressentais alors le désir de découvrir ce que je souhaitais faire du reste de ma vie. Je devais me créer d'autres objectifs et avoir un emploi qui me plaisait et me ressemblait. J'avais envie d'être moi-même, de vivre à ma façon et selon mes besoins. Je ne voulais plus me forcer à rentrer dans le moule qui me rendait si malheureuse.

Il y a quelques années, j'ai sauté dans le vide en prenant des décisions instinctivement, contre toute logique. J'ai choisi de sortir de ma zone de confort, d'avoir la foi et d'avancer sans savoir où cela me mènerait. Selon moi, c'est l'une des choses les plus difficiles à faire, mais aussi une des plus exaltantes. J'espère que la lecture de ce livre vous inspirera à faire la même chose. Dans les chapitres suivants, vous trouverez des outils qui faciliteront la transition vers une vie plus intègre, qui vous ressemble. Je serai à vos côtés, au travers de ce livre, pour vous accompagner au cours de ce processus.

Chapitre 13
Roue de la vie

« Si vous n'aimez pas où vous êtes, bougez.
Vous n'êtes pas un arbre. »
~ Jim Rohn

Parvenez-vous à maintenir un équilibre dans votre vie ? L'exercice qui suit vous aidera à y voir plus clair. En coaching, la *Roue de la vie* est un outil qui permet d'évaluer rapidement le degré de satisfaction et d'équilibre des différentes sphères de notre vie.

Pour chaque sphère, notez votre degré de satisfaction, de zéro à dix. Une note de 10 représente un degré de satisfaction maximum tandis que 1 représente une grande insatisfaction. Faites cet exercice de façon spontanée, laissez venir les notes à votre esprit sans trop les rationaliser.

Selon vos besoins, vous pouvez subdiviser certaines sphères. Par exemple, la section « Couple, famille » pourrait être divisée en trois parties : couple, enfants, famille (ou mère, père, frères et sœurs, etc.). Les questions reliées à chaque sphère ne sont qu'à titre d'exemple dans le but de susciter une réflexion.

Après avoir donné un indice de satisfaction pour chacune des sphères, tracez une ligne d'un rayon à l'autre à la hauteur du niveau correspondant, puis remplissez l'intérieur. Utilisez une couleur différente pour chaque section peut être un bon moyen de visualiser concrètement votre situation actuelle.

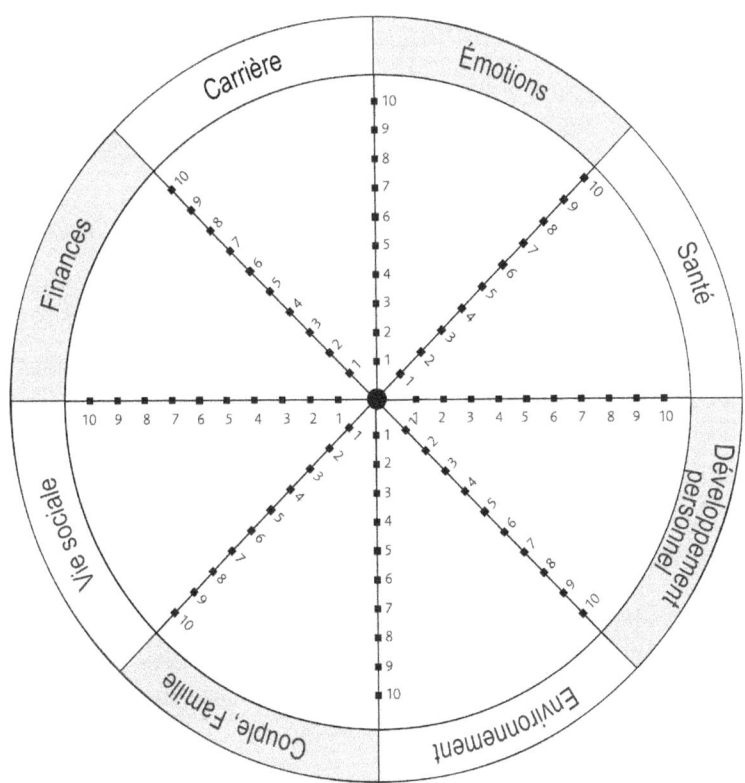

Sphère financière (Finances)

Avez-vous des dettes ou des placements ? Gérez-vous bien votre argent ? Êtes-vous un acheteur compulsif ? Avez-vous une dépendance au jeu ? Avez-vous un bon salaire ?

Sphère professionnelle (Carrière)

Votre carrière est-elle satisfaisante ? Est-ce une corvée de vous lever le matin pour aller travailler ? Consacrez-vous trop d'heures et d'énergie au travail ?

Sphère émotionnelle (Émotions)

Gérez-vous bien votre stress ? Êtes-vous souvent triste ou déprimé ? Êtes-vous généralement de bonne humeur ? Éprouvez-vous du ressentiment ou de la colère ?

Sphère santé

Comment vous sentez-vous physiquement et mentalement ? Dormez-vous bien la nuit ? Mangez-vous bien ? Êtes-vous en bonne condition physique ?

Sphère développement personnel

Apprenez-vous des choses nouvelles régulièrement ? Votre vie a-t-elle un sens ? Vos croyances sont-elles positives ? Lisez-vous suffisamment ? Connaissez-vous vos points forts et vos points faibles ?

Sphère environnement

Vous sentez-vous bien chez vous ? Votre lieu de travail est-il agréable ? Votre quartier est-il paisible ? Êtes-vous satisfait du climat ?

Sphère couple, famille

Passez-vous assez de temps avec votre conjoint, vos enfants ? Êtes-vous célibataire ? Vos relations avec les membres de votre famille sont-elles satisfaisantes ?

Sphère vie sociale

Avez-vous de bons amis ? Avez-vous des activités pour vous ressourcer ? Avez-vous suffisamment de temps libre ? Prenez-vous le temps de célébrer, de rire et de vous amuser ?

Si votre « roue de la vie » était l'une des roues de votre voiture, est-ce que vous arriveriez à rouler sur une bonne distance, sans faire de crevaison ? Quelles sont les sphères qui nécessitent des ajustements immédiats ?

Pour chaque sphère choisie, quels sont les changements que vous aimeriez apporter pour augmenter votre niveau de bien-être dans votre vie en général et tendre vers un meilleur équilibre ? Déterminez de trois à cinq objectifs, plus ou moins grands, pour chacune d'entre elles. Cela vous permettra d'avoir une liste à laquelle vous référer lorsque vous aurez atteint un but et qu'il sera temps de passer au suivant.

Refaites cet exercice chaque année, il vous servira de base pour la planification de vos objectifs à atteindre au cours de l'année.

*Si vous avez de la difficulté à évaluer les différentes sphères de votre vie, vous pouvez vous référer à l'exercice *Réalité versus scénario parfait*.

Chapitre 14
SMART

Un jour ou jour un. Vous décidez.

~ Inconnu

Lorsque l'on se fixe un objectif, il est important d'être le plus précis possible et d'y ajouter un échéancier afin d'augmenter nos chances de l'atteindre. Au lieu de vagues résolutions, la méthode suivante apporte une structure et un suivi en établissant des objectifs quantitatifs ou qualitatifs, sur une période définie.

L'acronyme SMART, qui signifie intelligent en anglais, est un moyen mnémotechnique permettant de décrire les objectifs de façon claire et simple à comprendre. Un objectif SMART doit être spécifique, mesurable, atteignable ou ambitieux et temporellement défini.

S : Spécifique

L'objectif doit être personnalisé, facile à comprendre, clair et surtout précis.

M : Mesurable

L'objectif doit être quantifié ou qualifié. Posez-vous la question suivante : Comment saurai-je que j'ai atteint mon objectif ?

A : Atteignable ou Ambitieux

Cet objectif doit être atteignable et raisonnable, ainsi il sera plus facile de passer à l'action. Il doit être suffisamment ambitieux, représenter un défi et être motivant.

R : Réaliste

L'objectif ne doit pas être inaccessible. Il doit vous paraitre réalisable afin d'éviter l'abandon et le découragement en cours de progression.

T : Temporellement défini

L'objectif temporellement défini a une date limite à laquelle on peut ajouter des dates intermédiaires pour les différentes étapes. Il comporte une date précise qui n'est pas définie par des termes flous tels que « le plus rapidement possible ».

La *Roue de la Vie* vous aidera à déterminer quelles sphères de votre vie nécessitent une attention particulière en ce moment. Concentrez-vous sur les deux à trois sphères qui représentent votre plus faible niveau de satisfaction, puis choisissez un maximum de trois objectifs (au total), dont un auquel vous donnerez la priorité.

Il est maintenant temps de transformer ces trois choix en objectifs SMART. Prenez le temps de le faire avant de poursuivre votre lecture.

Chapitre 15
Brainstorming et créativité

« Nous ne pouvons pas résoudre nos problèmes avec la même pensée que nous avons utilisée lorsque nous les avons créés. »
~ Albert Einstein

Le processus de création a lieu en majeure partie inconsciemment. Cependant, il existe plusieurs façons de stimuler le cerveau droit, responsable de la créativité.

Boire quelques boissons alcoolisées, sans toutefois se saouler, peut favoriser la créativité. L'alcool est un facteur qui contribue à diminuer nos inhibitions (peur, timidité, blocage), ce qui a pour effet de promouvoir votre côté créatif.

La fatigue serait aussi un facteur important. Le cerveau étant composé de réseaux interconnectés, chaque pensée en amène une autre. Lorsqu'on est fatigué, on reçoit des pensées aléatoires qui n'auraient pas surgi en temps normal ; elles forment ensuite des associations, puis les idées surgissent.

Plusieurs autres éléments favorisent la créativité :

- Une pause après un travail intensif
- Les dates limites, les urgences
- L'humeur positive
- S'entourer de gens créatifs

Vous pouvez trouver de l'inspiration partout, dans la nature, dans un musée, en regardant des enfants jouer au parc, etc.

Un changement de décor ou des vacances auront également un effet positif sur votre créativité.

Exercice de brainstorming

Le brainstorming, aussi nommé « remue-méninges » ou « tempête d'idée », est une technique créative de résolution de problème ; elle se pratique généralement en groupe, mais vous pouvez également l'utiliser seul. Cette méthode consiste à mettre sur papier toutes les idées qui vous viennent à l'esprit sans porter de jugement, sans faire de tri ni les censurer.

Réfléchissez et faites des recherches à propos d'un de vos objectifs SMART ; il existe de nombreuses façons de parvenir à un même but.

À partir des données que vous aurez recueillies, faites une liste d'au moins vingt options qui pourraient vous permettre d'atteindre cet objectif. Inviter un ou deux amis à participer, le brainstorming pourrait vous être très utile. Soyez ouvert et créatif !

Évaluez ces alternatives, puis choisissez-en une et passez à l'action. Si la première ne fonctionne pas, essayez-en une autre et ainsi de suite jusqu'à ce que vous ayez réussi.

Puisqu'une pensée en amène une autre, le brainstorming fait souvent ressortir des idées intéressantes et originales. Les sorties ou les soupers entre amis sont des moments parfaits pour pratiquer cette méthode. Plutôt que de parler de vos problèmes ou de choses banales, vous pourriez parler de vos projets, de vos passions et de vos idées.

Cela vous permettra de trouver des solutions à la concrétisation de vos rêves tout en améliorant la qualité de vos discussions. Et puisqu'il y a de fortes chances que vous ayez pris une bière, ou un verre de vin, durant ces occasions, le brainstorming n'en sera que plus efficace. On ne sait jamais jusqu'où cela pourrait vous mener.

Maintenant que vous avez choisi vos objectifs et que vous avez en main des options pour les atteindre, fermez les yeux et prenez quelques secondes pour ressentir la joie de commencer à relever de nouveaux défis.

CINQUIÈME PARTIE

Plan d'action

« Une once d'action peut anéantir une tonne de peur. »
~ Tim Fargo

Un bon plan d'action est la clé de la réussite de tous projets. Ayant été étudiante universitaire et mère monoparentale de trois jeunes enfants, j'ai toujours excellé dans la planification et l'organisation. Dans les chapitres suivants, vous retrouverez plusieurs techniques qui vous permettront d'augmenter votre efficacité tout en diminuant votre dépense d'énergie.

Chapitre 16
Planification

La planification vous fera économiser beaucoup de temps et d'énergie. Cela vous évitera également de procrastiner en vous demandant ce que vous devriez faire. Chaque fois que vous prenez le temps de planifier votre journée, vous prenez conscience des tâches qui feront une différence dans votre vie à long terme. Cela vous permet de garder le « focus » sur vos objectifs tout en évitant le superflu et les distractions. Avoir un plan permet d'entrevoir l'avenir avec plus d'enthousiasme et moins d'incertitude.

Ingénierie inversée

Maintenant que vous avez clairement établi vos buts, votre prochaine tâche consiste à déterminer les étapes qui vous y mèneront. Le principe de l'ingénierie inversée vous permettra d'y arriver facilement et rapidement. Cette technique a pour but de rendre votre objectif accessible, clair et défini. C'est la partie la plus importante de votre plan d'action.

Exercice

Imaginez que votre objectif est atteint, et faites une liste à reculons de toutes les étapes, de la plus simple à la plus complexe, que vous avez dû franchir pour y arriver. Ne vous souciez pas trop de l'ordre pour l'instant, inscrivez les étapes qui vous viennent à l'esprit. Si par exemple, votre but est de partir faire un voyage en sac à dos durant un mois, vous devrez :

- Acheter votre billet d'avion.
- Vous informez si certains vaccins sont nécessaires.
- Choisir une destination.
- Recueillir des informations sur le contenu nécessaire à avoir dans votre sac.
- Se mettre en forme pour pouvoir marcher longtemps avec votre sac sur le dos.
- Choisir un sac à dos. (Normalement vous n'oublierez pas cette étape!)
- Faire quelques recherches sur le sujet.

Révisez la liste en y ajoutant le plus d'éléments possible. Remettez-les dans l'ordre où vous les exécuterez. Placez ensuite chacune de ces étapes dans votre calendrier.

*Faites cet exercice sur votre ordinateur si possible. Il vous sera plus facile de corriger l'ordre des éléments.

Liste de tâches

Créer une liste de chose à faire vous facilitera la vie. Dans la partie suivante, vous trouverez des suggestions d'applications gratuites qui vous aideront à gérer votre liste de tâche.

1. Faites d'abord une grande liste de toutes les choses que vous avez à faire.

2. Décidez de leur niveau de priorité en y ajoutant un nombre de 1 à 3 pour chacune des tâches ou utilisez un code de couleur (avec votre application). Assurez-vous d'avoir votre liste de choses à faire sur votre téléphone cellulaire, vous serez donc en mesure d'y accéder partout et à tout moment.

3. Finalement, choisissez les éléments les plus importants en ce moment et programmez-les pour cette semaine.

4. Ajoutez un délai approximatif à chaque tâche afin de mieux gérer votre temps et de savoir si ce que vous avez l'intention d'accomplir au cours de la journée semble réaliste. Vous pourrez par la suite déterminer votre heure de coucher et de lever ; prévoyez suffisamment d'heures de sommeil et suffisamment de temps pour accomplir vos tâches.

Commencez votre journée avec la tâche la plus importante ou la plus longue que vous avez à accomplir. Choisissez un maximum de trois choses importantes à faire par jour et faites-les en premier. Ensuite, vous pourrez continuer avec le reste de votre liste.

Commencez chaque journée avec votre liste de tâches, juste après votre routine matinale. Passez en revue votre horaire le soir précédent, donc le matin vous serez prêt pour votre journée. Dans le même ordre d'idée, planifiez vos semaines le dimanche, ainsi vous commencerez chaque semaine du bon pied !

Loi de Pareto

« Pour faire de grandes choses,
vous devez laisser tomber les petites choses. »
~ Nadia Caouette

La loi de Pareto doit son nom à l'économiste italien Vilfredo Pareto. C'est un principe selon lequel 80 % des effets sont le produit de 20 % des causes. La règle de Pareto peut s'appliquer à presque toutes les situations concernant la productivité et la définition des objectifs.

Selon ce principe, on considère que 20 % de nos tâches (ou activités) rapportent 80 % de nos résultats ou de nos revenus. Toutes les autres tâches ont très peu d'impact. Or, la plupart les gens procrastinent sur les activités les plus profitables, et passent beaucoup trop de temps à s'occuper des tâches insignifiantes, qui ne contribuent que très peu à leur succès.

Les tâches cruciales sont souvent les plus difficiles et les plus complexes, ce qui fait en sorte qu'on ait tendance à les éviter. Cependant, ce sont celles qui rapportent davantage et qui rendent votre vie exaltante.

Apprenez à résister à la tentation de remplir vos journées par une panoplie de petites tâches qui prennent du temps, mais ne mènent à aucun résultat (les courriels par exemple). C'est une mauvaise habitude et une façon de procrastiner. Diminuez le temps alloué à ces tâches de faible valeur et faites-les en fin de journée, après avoir accompli ce qui fera une différence à long terme dans votre vie.

Définissez vos priorités et faites une tâche par jour qui vous rapproche de vos objectifs. C'est généralement quelque chose qui vous paraît difficile et qui ne vous tente pas vraiment ;

faites-la en début de journée pour avoir suffisamment d'énergie et de volonté. Débarrassé de cette priorité, vous aurez l'esprit en paix pour le reste de la journée.

Contrairement à ce que vous pourriez penser, vous n'avez pas besoin de plus de temps pour accomplir plus de choses ; vous avez besoin de plus de « focus », de planification, d'organisation, d'énergie et de stratégies. Rappelez-vous que les hauts dirigeants de chaque pays, ainsi que les hommes et femmes d'affaires qui ont construit des empires, ont 24 heures dans une journée, tout comme vous !

Exercice 1

Durant une semaine, écrivez tout ce que vous faites dans une grille horaire. Que ce soit regarder un film, prendre une douche, travailler, manger, naviguer sur Facebook, peu importe ce que c'est, notez-le. Cela vous permettra de constater où vous perdez du temps et par la même occasion où c'est possible d'en gagner.

Exercice 2

À l'aide du premier exercice, faites la liste des activités qui vous rapportent peu et sur lesquelles vous passez beaucoup de temps.

Puis, faites une seconde liste à propos des activités qui vous rapportent des résultats, qui vous rapprochent de vos objectifs, et que vous ne faites pas ou pas suffisamment.

Ensuite posez-vous les questions suivantes :

- Où perdez-vous du temps ?
- Sur quelles activités devriez-vous vous concentrer ?
- Que devriez-vous changer ?
- Quelles activités pourriez-vous éliminer, déléguer ou réduire (en termes de temps ou de nombre de fois) ?

Bryan Tracy soutient qu'une étude récente a démontré que 85 % des gens riches ont un gros objectif sur lequel ils travaillent constamment. Concentrez-vous sur les activités qui vous rapportent et vous en serez grandement récompensé. Obtenez plus de votre temps !

Morceler et déléguer

Certaines tâches sont imposantes, il est donc nécessaire de les diviser en petites étapes et de planifier chacune d'entre elles. En ce qui concerne un projet comportant plusieurs étapes, qui doivent s'étaler sur une longue période, vous pouvez utiliser la technique d'ingénierie inversée. Pour les autres tâches, une simple division en petites étapes suffira.

La mention d'une tâche qui nous semble énorme sur notre liste, comme « rénover la cuisine », fera naître un sentiment de découragement et augmentera les risques de procrastination. Par contre, si cette même tâche est divisée en petites parties, elle semblera beaucoup plus facile à accomplir, par exemple : installer les poignées, fixer le comptoir, choisir l'évier, etc. Ajouter un verbe d'action devant chaque tâche vous aidera également à les accomplir.

Finalement, déléguez les tâches qui vous semblent pénibles, ou trouvez un moyen de les rendre amusantes ou plus faciles. Cela contribuera à garder votre niveau d'énergie et de vibrations le plus haut possible. Apprenez à faire confiance aux autres en déléguant certaines tâches et demandez de l'aide si nécessaire.

Les actions !

- ✓ Créez votre liste de choses à faire si ce n'est pas déjà fait, et priorisez chacun des éléments de 1 à 3.

- ✓ Choisissez un élément de votre liste, une tâche fastidieuse qui vous tracasse depuis un certain temps et faites-la. Il s'agit probablement de quelque chose qui crée chez vous un certain stress, un sentiment de découragement ou qui vous paralyse. Divisez cette tâche en petites étapes simples et ajoutez-les à votre calendrier. Commencez dès maintenant !

Chapitre 17
Organisation et productivité

Désencombrement

« Vous n'avez pas besoin de plus d'espace,
vous avez besoin de moins de choses. »
~ Inconnu

Libérez votre espace ! Cela semble tellement évident, mais nous sommes tous coupables, moi y compris, de laisser les choses aller ; il faut peu de temps pour créer le désordre, ou même le chaos.

L'encombrement vous fait perdre votre attention et votre énergie. Avoir un système afin de rester organisé vous aidera à libérer votre esprit et vous serez en mesure de vous concentrer sur les objectifs que vous voulez atteindre. Posez-vous la question suivante : Qu'ai-je vraiment besoin pour être organisé, productif et heureux ?

Exercice

Prenez toutes les choses qui se trouvent sur votre bureau, et déposez-les sur le plancher. Ensuite, replacez ce dont vous avez VRAIMENT besoin sur votre bureau. Mettez tout le reste dans une boîte et faites le tri de ces articles (à donner, à jeter ou à ranger) au cours de la semaine si vous n'avez pas le temps de le faire la journée même. Vous pouvez refaire cet exercice pour les différents meubles que vous possédez ou dans une pièce complète de votre choix.

Désencombrez votre lieu de travail, votre maison, votre voiture ; bref, faites un grand ménage. Procédez par petites étapes, un meuble ou une pièce à la fois. Désencombrer une maison au complet semble une tâche interminable, mais si l'on se concentre sur un endroit particulier, cela paraît beaucoup plus réalisable et plus plaisant.

Je vous suggère également de procéder à un nettoyage énergétique de votre maison et votre voiture avec des chants de mantras ou de l'encens tout simplement.

Les documents papier et électroniques

Le truc suivant est très simple et très efficace. Il concerne les documents sur lesquels vous devez poser une action avant de les classer définitivement.

Créez trois dossiers et nommez-les : « Aujourd'hui », « Cette semaine », « Plus tard ». Créez les mêmes dossiers sur votre ordinateur. Ensuite, il vous suffit de choisir dans quel dossier ira chaque document, selon sa priorité. Tout document ou fichier informatique aura sa place, plutôt que d'être éparpillé un peu partout (détails à venir section *Listes d'applications utiles/Evernote*).

Les contenants

Ajoutez quelques petits contenants fourre-tout sur votre bureau, votre comptoir ou votre commode pour garder vos choses organisées. Assurez-vous de désencombrer ces contenants régulièrement.

Les articles qui vous rendent heureux

Vous travaillez probablement de nombreuses heures dans votre bureau (ou dans tout autre lieu) chaque semaine, vous devriez donc y ajouter quelques éléments drôles ou joyeux afin de vous sentir bien et heureux. Cela peut être des photos, des citations, un tableau de visualisation, des cristaux, tout ce qui vous apporte un sentiment de bien-être.

Le Feng Shui

Vous pouvez aussi acheter un livre sur le Feng Shui pour en apprendre davantage sur la façon d'organiser votre espace afin d'augmenter votre niveau de vibration et d'énergie. Amusez-vous avec ces idées !

Les plantes

De nombreuses études ont associé les plantes à l'amélioration du bien-être en milieu de travail. Les recherches démontrent qu'elles peuvent également augmenter la mémoire et améliorer l'attention. N'importe qu'elle plante conviendra, choisissez celle que vous aimez et qui vous rend plus joyeux.

À la fin de la semaine, désencombrez votre bureau et votre ordinateur et organisez tous vos fichiers pour la semaine suivante. Faites-en une routine hebdomadaire, ainsi, vous pourrez recommencer à neuf tous les lundis.

La Journée Débarras

Une fois par mois, débarrassez-vous de ce qui ne vous sert plus ou de ce que vous n'aimez plus. Profitez-en pour donner ces objets à des organismes qui aident les plus démunis. Le désencombrement est très libérateur et vous rendrez service à quelqu'un qui en a besoin.

Débarrassez-vous de deux choses pour chaque nouvel achat, jusqu'à ce que vous ayez beaucoup moins d'objets inutiles. Limitez vos achats en vous posant les questions suivantes :

- Est-ce vraiment nécessaire ?

- Cet achat servira-t-il à long terme ?

Les actions !

✓ Créez vos trois dossiers pour vos documents papier et vos trois dossiers pour vos fichiers électroniques.

✓ Désencombrez et organisez votre bureau, si vous ne pouvez pas le faire aujourd'hui, planifiez-le.

Le cycle énergétique

Vous êtes plus ou moins performant selon les périodes de la journée, et cela varie d'un individu à l'autre. Gérer votre horaire en fonction des périodes durant lesquelles votre niveau de performance est à son maximum augmentera grandement votre productivité.

Le cycle de base activité-repos (voir section *Pauses*) est important, mais nous devons également tenir compte d'autres cycles et circonstances pour établir les moments où nous sommes le plus performant.

La production de mélatonine se ferait à différentes heures selon chaque individu, ce qui expliquerait que certains sont très actifs durant la soirée ou la nuit, et que d'autres le sont le matin. Que vous soyez matinal ou nocturne, cela n'affectera pas vos performances si vous respectez votre cycle naturel.

Être matinal est valorisé, tandis qu'on dénigre plutôt le fait d'être nocturne. Pourtant, même dans le règne animal, certaines espèces vivent de nuit et d'autres de jour. L'un n'est pas mieux que l'autre tant que vous arrivez à respecter votre rythme et à ne pas vous préoccuper de ce que les gens en pensent. Or, il est beaucoup plus facile de gérer votre énergie si vous êtes quelqu'un de matinal, étant donné que la société dans laquelle on vit fonctionne majoritairement de jour. Vous devrez probablement vous adapter si vous avez de jeunes enfants puisqu'il ne sera pas évident pour vous de travailler de soir ou de nuit. J'en sais quelque chose, j'ai toujours été plus efficace en soirée, ou même la nuit, que tôt le matin.

D'autres facteurs tels que la période de digestion, le cycle lunaire et le cycle menstruel chez la femme influenceront votre niveau de performance. Certains évènements ou circonstances majeurs tels qu'un déménagement, un mariage ou une naissance peuvent également affecter votre productivité. Soyez-en conscient et planifiez votre horaire en conséquence autant que possible.

*P.S. Évitez d'entreprendre des rénovations majeures pendant que vous écrivez un livre...

Le « batching »

Qu'est-ce que le batching ? C'est une méthode qui consiste à regrouper les tâches similaires et à les effectuer les unes après les autres. En portant son attention sur une seule tâche à la fois, cela permet d'éliminer les distractions. Le batching c'est l'inverse du multitâche.

Par exemple, au lieu de répondre à vos courriels au fur et à mesure que vous les recevez, vous les traitez tous en même temps à une certaine heure de la journée.

Le batching comporte de nombreux avantages :

- Réduire le temps de préparation :
  C'est la période où vous êtes sur le point de commencer une nouvelle tâche. Cette préparation se fait tant au niveau mental que physique (vous habiller, vous coiffer, vos déplacements, etc.).

- Réduire le niveau de stress

- Favoriser la planification et l'organisation

- Augmenter la productivité

- Éviter les pertes d'énergie inutiles

Selon une étude de l'université du Michigan, le multitâche au travail peut nous faire perdre jusqu'à 40 % de notre productivité. Une autre étude de l'université Irvine de Californie en est venue à la conclusion qu'il nous faut en moyenne 20 minutes pour retrouver notre concentration complète après avoir interrompu une tâche.

Vous avez surement déjà remarqué que vous performez beaucoup mieux lorsque vous portez 100 % de votre attention sur une seule tâche. Voici quelques exemples de batching que vous pourrez mettre en place dans votre vie quotidienne :

Les réunions

Créez un dossier pour les employés ou clients avec qui vous communiquez le plus souvent. Ajoutez-y une note chaque fois que vous avez une question ou un commentaire à faire à cette personne et demandez-leur de faire la même chose. Programmez une réunion quotidienne ou hebdomadaire, en fonction de vos besoins, et profitez-en pour discuter de ce que vous aurez pris en note. Cela vous évitera des dérangements inutiles.

Si vous avez plusieurs réunions avec différentes personnes au cours de la semaine, programmez-les de manière à ce qu'elles se succèdent.

Les suivis et courriels

Choisissez un moment de la journée pour répondre à vos courriels ou vos messages vocaux (idéalement pas en début de journée, vous devez vous occuper de vos priorités en premier) et fermez les notifications le reste du temps si possible.

Les moments d'attente

Lorsque vous attendez quelque part (au garage, chez le médecin, à l'école, etc.) faites vos appels, vos suivis, vos mises à jour sur votre cellulaire, etc. Si vous êtes une femme, profitez-en pour désencombrer votre sac à main.

Cuisiner

Vous avez probablement peu de temps disponible pour cuisiner, surtout si vous avez des enfants. Faites vos courses pour la semaine et préparez vos repas le dimanche.

Courses et achats (voir section *Liste d'applications utiles*)

Ménage et nettoyage (voir section *Liste d'applications utiles*)

Les actions!

- ✓ Créez la liste des tâches que vous pouvez regrouper concernant votre vie et votre carrière.

- ✓ Créez un horaire mensuel ou hebdomadaire pour toutes ces tâches.

SIXIÈME PARTIE

Chapitre 18

Liste d'applications utiles

Les applications sont très utiles en ce qui concerne la planification, l'organisation et la productivité. La liste qui suit vous fournira une courte description de certaines d'entre elles pour que vous puissiez en apprendre davantage. Je les ai toutes essayées et j'utilise régulièrement la plupart d'entre elles.

Disponibles en plusieurs langues, elles offrent une version gratuite ainsi qu'une version payante comprenant plus d'options. La plupart de ces applications fonctionnent sur tous vos appareils et vous permettent de les synchroniser. Il vous sera également possible de partager vos listes et de discuter avec les membres de votre famille, vos amis ou votre équipe de travail. Si vous êtes victime d'un vol, vous pourrez tout de même récupérer vos données puisqu'elles sont sauvegardées sur le « nuage » informatique.

Étant donné que ça bouge vite dans le monde de la technologie, les informations suivantes sont sujettes à changement. Toutefois, cette liste pourra vous servir de guide ; elle vous permettra de connaître les types d'applications utiles concernant la planification et l'organisation.

Les listes

Tick Tick

Tick Tick est une application formidable pour demeurer organisé. Vous pouvez gérer votre liste de tâches, vos rendez-vous, vos courses et achats ou toutes autres listes.

J'utilise cette application pour planifier et organiser mon horaire et c'est jusqu'à présent ma préférée en ce qui concerne mon agenda. Elle est simple, claire et facile à utiliser. Elle comporte de nombreuses fonctionnalités telles que les listes à cocher, les rappels, les récurrences et un code de couleur pour établir les priorités. À l'aide de cette application, vous pourrez créer une liste de tâches ainsi que des listes secondaires pour l'épicerie, les courses, etc.

Avoir toutes vos listes sur votre téléphone cellulaire vous permet d'y accéder de n'importe où et à tout moment. C'est beaucoup plus pratique et efficace. Adieu les listes sur papier qui traînent partout !

Any.do

Any.do est vraiment similaire à Tick Tick. Le design de cette application est plus élaboré et plus plaisant visuellement parlant. Toutefois, elle est moins conviviale que la précédente à mon avis. Elle comprend à peu près les mêmes fonctionnalités que Tick Tick. Ce sont deux excellentes applications, choisissez celle qui convient le mieux à vos besoins.

Les routines

FlyHelper ou FlyLadyPlus

FlyHelper (Android) ou FlyLadyPlus (iPhone) ont comme fonctions premières de vous aider à garder votre maison ordonnée et de créer des routines.

Vous y retrouverez des listes pour chaque pièce de la maison et vous pourrez les modifier selon vos besoins. Il est également possible de créer votre propre liste de tâches quotidiennes, hebdomadaires et mensuelles et même de planifier vos repas.

Il y a une fonctionnalité nommée « Mission du jour » qui vous mettra au défi de faire certaines tâches de nettoyage rapide au cours de la journée. Une minuterie intégrée est aussi à votre disposition.

Rendez les tâches plus amusantes en jouant avec cette application et apprenez à déléguer certaines d'entre elles à vos enfants ou adolescents. Ceci les aidera à prendre des responsabilités et à augmenter leur estime de soi. Assurez-vous de ne pas leur en donner trop et commencez tranquillement afin qu'ils puissent atteindre leurs objectifs.

Récompensez-les avec une petite surprise à la fin de chaque semaine, et avec une plus grande à la fin du mois, s'ils ont accompli toutes leurs tâches. Ces récompenses peuvent être monétaires, mais je vous suggère d'y inclure des activités également afin que vous puissiez passer du temps de qualité avec eux.

TheFabulous ou CoachMe

TheFabulous (sur Android, bientôt offerte sur iPhone) ou CoachMe (iPhone) sont des applications qui vous aideront à créer et maintenir de saines habitudes.

Vous pourrez créer une routine matinale, de nuit, d'entrainement ou tout autre routine. Ces applications vous permettront d'augmenter votre niveau d'énergie et votre santé globale. TheFabulous vous enverra des conseils concernant vos habitudes et vous pourrez accéder à un coach en ligne, si vous le désirez, avec CoachMe (version payante).

Plusieurs enregistrements vidéo ou audio sont accessibles ; vous pourrez faire de l'exercice, des étirements, du yoga, de la méditation, une sieste régénératrice, ou une période de travail profond.

Vous constaterez que vous pouvez accomplir plus que vous ne le pensez. J'adore ces applications !

Objectifs et projets

Goal Tracker & Habit List ou Strides

Goal Tracker & Habit List (Android) ou Strides (iPhone) sont conçues pour vous aider à changer vos habitudes, à atteindre un objectif ou à maintenir vos résolutions. Elles vous permettent de suivre vos progrès. Goal Tracker & Habit List s'inspire du secret de productivité de Jerry Seinfeld :

« Pour chaque jour que vous faites votre tâche, mettez une grosse marque sur cette journée. Après quelques jours, vous aurez une chaîne... Votre seul travail ensuite est de ne pas briser la chaîne. Ne brisez pas la chaîne. »

Vous pouvez créer des habitudes quotidiennes, hebdomadaires, mensuelles et annuelles à l'aide de cette application. Vous recevrez des notifications et pourrez suivre votre progression. Goal Tracker & Habit List est une excellente application, mais selon moi son design laisse à désirer.

Strides offre des fonctionnalités similaires tout en ayant un design plus épuré et convivial. Cette application vous encouragera à créer de bonnes habitudes, mais également à éliminer les mauvaises.

Goalmap

Goalmap est une application qui s'appuie sur les principes de la méthode SMART. Vous pourrez vous en servir pour atteindre vos objectifs ou pour créer de bonnes habitudes. Vous y retrouverez différentes suggestions qui vous inspireront. Tout au long de votre parcours, vous recevrez des encouragements et des conseils d'experts qui vous aideront à tenir vos engagements.

Goalmap est facile d'utilisation, son design est parfait et vous adorerez recevoir les conseils et encouragements qui sont parfois humoristiques.

Nozbe

Inspiré du concept GTD (Get Things Done) de David Allen, cette application a pour but de planifier et d'organiser vos projets.

Son fondateur, Michael Sliwinski, est expert en productivité et rédacteur en chef de *Productive! Magazine*. Nozbe vous permettra d'énumérer toutes les étapes nécessaires à la réalisation de vos projets et d'y ajouter un ordre de priorité, des dates limites ainsi que des notes ou commentaires. Vous pourrez ensuite synchroniser le tout avec Evernote, Google Calendar, Dropbox, Microsoft Office, etc.

———◆———

Gestion du temps

Eggscellent

Eggscellent fonctionne sur Apple, cependant il existe des applications similaires pour PC. Elle a été créée par des gens qui croient que la gestion du temps et des tâches peut être amusante. Cette application vous aidera à accomplir vos tâches, à garder votre attention sur une seule chose à la fois et à éliminer toutes distractions.

Eggscellent divise vos tâches en blocs de temps, de sorte que vous ne vous sentiez pas débordé par votre quantité de travail.

Time Out

Time Out fonctionne sur Apple, cependant il existe des applications similaires pour PC. Cette dernière a pour but de vous rappeler de prendre des pauses lorsque vous travaillez à l'ordinateur; notre corps n'est pas fait pour rester assis durant de longues heures sans bouger. Time Out vous permet de choisir le temps alloué aux pauses ainsi qu'aux périodes de travail. Souvenez-vous que se lever et bouger régulièrement augmente votre productivité.

* Pour toutes autres tâches que vous devez faire à la maison, au bureau ou même à l'extérieur : utilisez une minuterie régulière sur votre téléphone cellulaire.

Système de gestion de documents

Evernote

Evernote organise et conserve tous vos documents et vos informations en un seul endroit. Vous pouvez créer des carnets de notes et y ajouter vos idées, vos projets, vos images, vos liens, etc. Cette application vous permet de commencer un travail sur un appareil et de le continuer sur un autre. Elle comprend de nombreuses fonctionnalités et est facile à utiliser. Vous pouvez également prendre en photo vos documents, puis jeter la version papier et conserver seulement la version numérique. Evernote désencombrera votre bureau et votre ordinateur ; plus de note papier qui traîne partout ni de fichiers désordonnés. Bref, cette application est géniale, je ne pourrais plus m'en passer.

Les actions !

✓ Téléchargez Tick Tick et Any.do, puis choisissez l'une d'entre elles et commencez à apprendre à l'utiliser.

✓ Programmez du temps pour regarder les autres applications et choisir celles qui vous conviennent le mieux.

SEPTIÈME PARTIE

Chapitre 19

Les habitudes

« Les gens ne décident pas de leur avenir, ils décident de leurs habitudes et leurs habitudes décident de leur avenir. »
~ F. Matthias Alexander

Notre vie est en majorité basée sur une série d'habitudes. Pensez à toutes celles qui font partie de votre vie, au niveau carrière, hygiène, loisirs, etc. La plupart de ces habitudes sont tellement ancrées dans notre routine que nous les exécutons par automatisme sans jamais les remettre en question.

Aujourd'hui, je vous suggère de faire une liste de toutes vos habitudes afin d'en prendre conscience. Ensuite, entourez celles que vous souhaiteriez changer, et écrivez par quelle habitude vous la remplaceriez. Choisissez une de celles que vous désirez changer et qui est en lien avec votre objectif SMART. Pratiquez cette nouvelle habitude durant quelques semaines, jusqu'à ce qu'elle devienne automatique, avant d'en intégrer une seconde. Conservez cette liste, vous pourrez y revenir lorsque le temps sera venu d'en choisir une autre.

Les axes du changement

Développés par L. Michael Hall and Michelle Duval, les axes du changement (*Axes Of Change Model, AOC*) nous présentent les différents éléments impliqués dans le processus de changement. Ce modèle est constitué de huit facteurs principaux classés dans quatre catégories. En voici un résumé, pour vous permettre de mieux comprendre les étapes que l'on doit traverser lorsque l'on veut changer ses habitudes.

Les émotions négatives et positives

Les émotions contribuent à nous éloigner de quelque chose (aversion), ou à l'inverse à nous en rapprocher (attraction). Analysez ce que vous ressentez vis-à-vis votre habitude actuelle versus celle que vous souhaitez intégrer dans votre vie.

- **Les aversions** :
  La peur, la colère, le stress, la frustration, la détresse, la douleur, le désagrément, l'intolérance, la nécessité, la tension émotionnelle négative.

- **Les attractions** :
  L'espoir, les rêves, les visions, l'anticipation, le plaisir, les valeurs, l'inspiration, les possibilités, la croissance, le développement, la tension émotionnelle positive.

La compréhension réfléchie

Vous devez d'abord prendre conscience de ce qui doit changer et ensuite vous engagez à changer réellement. Vous devez être convaincu que la nouvelle habitude vous apporte plus d'avantages que l'ancienne.

- **Compréhension réfléchie** :
  La perspicacité, les connaissances, la sensibilisation, les découvertes, la prise de conscience.

- **Décision** :
  Dire non à l'ancien et oui aux nouvelles possibilités, le courage, la libération, l'engagement, la volonté.

La planification constructive

Il est maintenant temps de planifier les étapes à suivre et de déterminer les actions à poser. La planification et le plan d'action sont deux phases essentielles à la réalisation de vos objectifs (voir section *Plan d'action*).

- **Le design créatif** :
  La planification du changement, un plan d'action, un horaire, des dates d'échéances et la stratégie pour y arriver.

- **Actions** :
  La performance, l'expérimentation, l'exécution, la pratique, l'apprentissage (essai-erreur).

Le renforcement

Le renforcement est une étape importante pour s'assurer de conserver les bonnes habitudes à long terme. Les tests quant à eux démontrent la progression et permettent de faire les ajustements nécessaires (détails à venir section *Célébration, récompenses*).

- **Renforcement** :
  Le soutien, la célébration, la maitrise d'une nouvelle pratique, les récompenses, les partenaires.

- **Tests** :
  L'observation, le suivi, les ajustements, le rendement, les analyses, la responsabilisation.

Les routines

Au cours des chapitres précédents, il est fait mention des routines, surtout celles de nuit, il est tout de même important d'ajouter quelques détails sur ce point en ce qui concerne les habitudes.

Le cerveau est constamment confronté à faire des choix et à prendre de nombreuses décisions chaque jour, ce qui demande énormément d'énergie. Créer des routines est une bonne solution pour remédier à ce problème. Cela donnera une pause à votre cerveau et contribuera à réduire votre dépense énergétique tout en vous faisant gagner du temps.

En plus de diminuer le nombre de décisions que vous devez prendre, les routines vous évitent de vous faire envahir par la panoplie de choix qui s'offrent à vous. Vous aurez ainsi plus d'énergie pour vos passe-temps, vos projets, vos enfants et tout ce qui compte vraiment.

On peut observer à quel point la routine est importante chez les bébés et les jeunes enfants. Ils demandent constamment qu'on leur lise le même livre, qu'on écoute le même film et ils trainent toujours avec eux leur peluche ou couverture préférée. La routine crée chez eux un sentiment de sécurité et contribue à leur apprentissage et à leur développement. Dès qu'il y a un changement ou un imprévu, ils en sont affectés physiquement et psychologiquement. En vieillissant, on a plus de facilité à s'adapter, cependant on oublie trop souvent à quel point les routines sont utiles et les avantages qu'elles comportent.

Selon vos besoins et votre emploi du temps, établissez différentes routines : matinale, de nuit, de fin de semaine, pour le travail, pour les enfants, etc. La routine de fin de soirée est très importante, surtout si vous avez de jeunes enfants. Elle vous permet de bien terminer vos journées, en diminuant le stress et en augmentant la qualité de votre sommeil, et de bien les commencer, en évitant la course folle du matin. Profitez de cette période pour vous détendre, regarder votre horaire du lendemain et préparer le maximum de choses :

- Sortez vos vêtements et ceux de vos enfants.

- Préparez les « lunchs » pour vous et vos enfants.

- Préparez le petit déjeuner : sortez les assiettes, les bols, les ustensiles, les céréales, le pain, etc.

- Préparez vos documents de travail.

- Placez votre sac d'entraînement et les sacs d'école dans l'entrée afin de ne pas les oublier.

- Placez vos clés et votre sac à main au même endroit dès votre arrivée (sur un porte-clés ou dans un joli petit contenant) afin de ne pas les chercher le matin.

Depuis plusieurs années, on établissait à 21 le nombre de jours qu'il fallait pour qu'une action devienne une habitude à long terme. On considère désormais que 66 jours serait un délai plus approprié. Après ce délai, il est plus facile de mettre à exécution notre habitude que de ne pas le faire.

Répétez les mêmes actions dans le même ordre quotidiennement favorise l'implantation des habitudes. Si vous souhaitez prendre une nouvelle habitude, associez-la à une que vous faites déjà, cela facilitera le processus d'intégration. Si par exemple, vous désirez planifier vos journées la veille et que vous lisez chaque soir avant d'aller dormir, faites votre planification juste avant votre lecture.

La routine a de nombreux avantages dont nous avons besoin. Il y a un temps pour sortir de sa zone de confort et un temps pour les routines. Tout est une question d'équilibre !

L'énergie d'activation

Qu'est-ce que signifie le terme « énergie d'activation » ? Ce terme a été introduit en 1889 par Svante Arrhenius, un scientifique suédois, pour décrire un phénomène de chimie. Il désignait l'énergie minimale requise pour engendrer une réaction chimique.

Le terme « énergie d'activation » a désormais une seconde définition, semblable mais appliquée dans un autre contexte. On peut le définir ainsi : l'effort nécessaire pour démarrer une action ou pour prendre une décision.

De nombreuses études ont confirmé que la volonté seule ne fonctionne pas pour maintenir une habitude à long terme. Sans compter le fait que plus la journée avance, plus notre volonté a tendance à baisser, au même titre que notre énergie. On doit plutôt miser sur l'énergie d'activation, apprendre son fonctionnement et s'en servir à notre avantage.

Plus une action suscite d'effort, plus elle demande d'énergie d'activation et moins on a envie d'agir. Ce principe explique en partie pourquoi les gens ont tendance à procrastiner en ce qui concerne leurs rêves et leurs grands projets. Les compagnies l'ont compris ; elles encouragent les clients à acheter en ligne, ce qui réduit le nombre d'étapes à franchir.

Si vous souhaitez implanter une nouvelle habitude, vous devez réduire l'énergie d'activation à son minimum. Moins vous devez penser ou agir, plus vous avez de chances de maintenir cette habitude sur une longue période. Si par exemple, vous avez décidé d'aller au centre sportif en vous levant le matin, vous pourriez :

- Préparer votre sac d'entraînement la veille et le déposer dans votre voiture.
- Mettre vos chaussures de sport à côté de votre lit.
- Dormir dans vos vêtements d'entraînement.

Et à l'inverse, pour éliminer une habitude négative vous devrez augmenter l'énergie d'activation nécessaire pour vous y engager. Si par exemple, vous souhaitez naviguer moins longtemps sur les réseaux sociaux, vous pourriez :

- Ranger votre téléphone dans une autre pièce que celle où vous passez le plus de temps.
- Retirer l'application Facebook de votre téléphone.
- Vous déconnecter de Facebook après chaque utilisation de sorte à devoir entrer votre courriel et mot de passe pour y accéder.

Si après avoir réduit l'énergie d'activation vous avez toujours de la difficulté à maintenir une certaine habitude, vous devrez analyser ses différentes étapes. Chaque habitude comprend ce qu'on appelle des étapes intermédiaires. En éliminant celles qui demandent le plus d'énergie d'activation, vos habitudes deviendront plus faciles à accomplir. Si par exemple, vous avez décidé de suivre un cours de yoga, vous devrez entre autres : préparer votre sac, sortir de la maison, utiliser votre voiture, assister au cours et revenir. Vous adorez faire du yoga, mais vous détestez le trajet pour vous y rendre. Vous pourriez alors choisir de pratiquer le yoga chez vous, ce qui vous éviterait d'avoir à vous déplacer. Vous auriez ainsi éliminé une étape intermédiaire qui vous demandait un effort supplémentaire.

HUITIÈME PARTIE

Les obstacles

« Quand tout semble être contre vous, souvenez-vous que l'avion décolle face au vent, et non avec lui. »
~ Henry Ford

J'adore cette citation, et ça demeure dans mon thème d'avion ! Au cours de votre vie, vous ferez face à plusieurs formes d'obstacles ; il est important d'apprendre à les identifier et à les surmonter. Certaines techniques des chapitres précédents pourront vous aider à y parvenir et vous en retrouverez de nouvelles dans ceux qui suivent. Il sera également question des émotions ; elles jouent un grand rôle en ce qui concerne vos blocages.

Les questions suivantes vous permettront de prendre conscience de vos obstacles et blocages :

- Quels sont les obstacles auxquels vous faites face ?

- Quelles émotions vous empêchent d'avancer ?

- À quoi résistez-vous ?

L'argent

« Rien n'est permanent dans ce monde,
pas même nos problèmes. »
~ Charlie Chaplin

Nombreux sont ceux qui sont passés de très pauvres à très riches au cours de leur vie, et vice versa. En l'espace d'une journée, vous pouvez tout perdre ou devenir millionnaire. L'argent est une forme d'énergie qui va et vient, et elle ne devrait pas influencer notre bonheur ou notre estime de soi.

Le manque d'argent peut toutefois devenir une source de stress si vous n'arrivez pas à subvenir à vos besoins de base. Malheureusement, plus on se concentre sur le manque d'argent, plus le problème aura tendance à grossir; c'est un cercle vicieux. Que doit-on faire alors? Soyez plutôt reconnaissant pour les choses que vous avez (détails à venir section *Gratitude*), aussi minimes soient-elles, ce qui fera en sorte qu'elles se multiplient. Cela augmentera également votre positivité et votre bien-être global.

Au lieu de passer votre temps à angoisser, prenez quelques feuilles de papier et écrivez vos inquiétudes, vos pensées négatives et tout ce qui vous vient à l'esprit jusqu'à ce que vous vous sentiez libéré. Ensuite, brulez-les si possible (ou déchirez-les) tout en pensant que vous en êtes maintenant libérés.

Le brainstorming et la créativité peuvent vraiment vous aider à trouver des solutions pour augmenter votre apport financier rapidement (voir *Brainstorming et créativité*). Faites une liste de toutes les façons possibles pour gagner de l'argent. Puis faites le tri de ces solutions, choisissez-en une et mettez-la à exécution. Puis, passez à la seconde idée jusqu'à ce que votre problème soit résolu. Cette activité vous sera beaucoup plus bénéfique que de continuer à vous imaginer les pires scénarios.

Vous avez surement déjà entendu parler de gagnants à la loterie qui, après avoir reçu quelques millions de dollars, ont tout dépensé en un temps record. Il y a aussi l'histoire d'un sans-abri à qui l'on a remis 100 000 $, donné des conseils sur la gestion de l'argent ainsi que sur la recherche d'emploi et six mois plus tard, il avait tout perdu et retournait vivre dans la rue.

Peu importe le montant que vous pourriez recevoir, si vous croyez que vous ne le méritez pas, vous risquez de finir par tout perdre. Vos croyances influencent vos actions et donc vos réussites et vos échecs. Réfléchissez à celles concernant l'argent, elles remontent souvent à l'enfance et elles ont plus de pouvoir que vous ne l'imaginez.

Exemples de croyances limitantes vis-à-vis l'argent :

- Je n'aurai jamais suffisamment d'argent pour réaliser mes rêves.

- Les gens riches ont forcément de mauvaises valeurs.

- Je dois travailler plus de 60 heures par semaine afin d'arriver à faire mes paiements.

- Pour être riche, il faut travailler constamment.

Identifiez vos croyances limitantes et utilisez la méthode du *Coaching Cognitif et Comportemental (CCC)* pour les transformer en croyances positives. Puis, continuez à avancer en ayant la foi que l'argent suivra.

Résumé des étapes :

- La gratitude : soyez reconnaissant pour tout ce que vous avez.

- Libérez-vous de vos émotions négatives : écrivez vos inquiétudes et vos pensées négatives et brulez-les.

- Utilisez le brainstorming et la créativité pour trouver des solutions à vos problèmes.

- Transformez vos croyances limitantes en croyances positives à l'aide de l'exercice du *Coaching Cognitif et Comportemental (CCC)*.

- Ayez foi en l'avenir

La santé

« Tout ce que vous pouvez faire est tout ce que vous pouvez faire, mais tout ce que vous pouvez faire est suffisant. »
~ A.L. Williams

Cette citation en dit long... Si vous avez des problèmes de santé, vous avez probablement l'impression de ne jamais en faire assez. En vous comparant aux autres, vous finissez par vous dévaloriser. Les problèmes de santé sont également reliés à des problèmes financiers, vous aurez donc tendance à vous concentrer sur ces derniers et non sur votre santé.

C'est vrai qu'il est plus difficile de changer la situation et qu'il n'est pas toujours évident de vivre avec un problème de santé, mais ce n'est pas impossible. Pour toutes situations, il existe un moyen d'amélioration ! Vous devez d'abord prioriser l'amélioration de votre santé et trouver des solutions adaptées à vos contraintes physiques. Rappelez-vous ceci :

- Il est possible d'agir malgré la douleur ou les contraintes physiques. Vous devez simplement agir autrement : période plus courte, rythme plus lent, etc.

- Vous devez maintenir un équilibre, ne pas laisser tomber, sans non plus vous surpasser.

- Restez attentif et à l'écoute de votre corps pour ne pas dépasser vos limites et vos capacités.

- Acceptez la situation sans toutefois mettre une croix sur vos possibilités de rémission. (Cette étape représente toujours un grand défi pour moi, même après plusieurs années. Soyez patient et tolérant envers vous-même).

Lors d'un voyage en République dominicaine, j'ai visité une école où j'ai rencontré plusieurs enfants très pauvres. Le guide nous avait demandé de ne pas leur donner d'argent pour éviter que les enfants passent leur temps à quêter ; il nous suggérait plutôt d'acheter du matériel scolaire.

Ces enfants appréciaient la moindre petite chose qu'on leur donnait, comme des crayons et des cahiers d'écriture. J'aurais eu envie de tous les serrer dans mes bras et de les rassurer. Mais en réalité, je suis convaincue qu'ils auraient eu plus à m'apprendre sur la vie que je n'aurais pu le faire pour eux.

Ils étaient tous souriants et semblaient vivre dans le moment présent et ne pas s'en faire. Pourtant, ils n'avaient pas d'argent et la majorité avait probablement des problèmes de santé plus ou moins graves. J'ai gardé ce souvenir en mémoire pour me rappeler ceci :

« Le bonheur est un choix ; vous pouvez choisir
d'être heureux dans n'importe quelles circonstances. »
~ Nadia Caouette

Appliquez la même méthode pour les problèmes de santé que pour les problèmes d'argent.

*Je vous recommande la lecture de *Il existe une solution spirituelle à tous vos problèmes* du Dr Wayne W. Dyer pour vous aider à résoudre vos problèmes.

Chapitre 20
Les émotions, les sentiments

« Les bateaux ne coulent pas à cause de l'eau autour d'eux ; ils coulent à cause de l'eau qui rentre à l'intérieur. Ne laissez pas les évènements qui surviennent autour de vous pénétrer votre esprit et vous faire couler. »
~ Inconnu

L'émotion est une réaction physiologique, de courte durée (quelques minutes) et plutôt spontanée, face à une situation. Le sentiment quant à lui provient d'une construction psychologique qui peut être le prolongement d'une émotion. S'il est entretenu, le sentiment peut demeurer pendant des années.

Ne pas exprimer ses émotions peut créer des blocages énergétiques et des tensions physiques qui engendrent des sentiments qui perdurent. La gestion des émotions joue un rôle crucial dans l'évolution de votre vie. Elle peut faire la différence entre la réussite et l'échec. C'est également la base de toute relation, dont celle avec vous-même. Prendre conscience de vos émotions est la toute première étape. Posez-vous ces questions :

- Est-ce que je me sens submergé, stressé ou épuisé ?

- Suis-je triste ou en colère face à une situation ou à une personne en particulier ?

- Est-ce que je m'inquiète pour quelqu'un ou quelque chose en ce moment ?

Changer le négatif en positif

Votre environnement et vos choix influencent vos émotions et votre état d'esprit. Aussi souvent que possible, évitez tout ce qui est négatif, tels que les films violents ou tristes, les bulletins de nouvelles et les journaux (sauf si comme moi, vous ne lisez que l'horoscope). Ces derniers sont remplis de négativité, et malgré le fait que vous aimiez vous tenir informé, vous en retirez probablement plus d'effets négatifs que de positifs.

Exercice 1

Il arrive par moment qu'on se sente mal, sans en connaître les raisons, et qu'on ne sache pas comment revenir à un état « normal ». Prendre le temps d'analyser la situation et vos sentiments, ou vos émotions, pourra vous aider à y voir plus clair. Ensuite, vous pourrez tenter de trouver des solutions à partir des réponses aux questions suivantes :

1. Que puis-je faire pour transformer cette situation (ou cette émotion) négative en une positive ?

2. Puis-je trouver un moyen de profiter de la situation au lieu de la combattre ?

3. Puis-je lâcher prise et me concentrer sur quelque chose de plus positif pour l'instant ?

4. Comment puis-je ajouter plus de « fun » dans ma vie ?

*N'hésitez pas à consulter un professionnel de la santé si la situation perdure.

Exercice 2

Accordez-vous une période de temps pour vous permettre de vous sentir mal et de « sortir le méchant ». Utilisez ce moment pour ressentir et libérer vos émotions : pleurer, écouter des chansons tristes, exprimer votre colère, etc.

Vous devez déterminer le délai de cette période, en général 10 à 60 minutes suffisent (une journée ou quelques jours pour un évènement majeur). Programmez une minuterie, la sonnerie vous rappellera qu'il est temps de passer à autre chose. Lorsque cet exercice est terminé, faites quelque chose que vous aimez pour créer un sentiment de bien-être.

Voici quelques autres suggestions pour les moments où vous vous sentez mal, où vous avez l'impression que tout s'écroule autour de vous (voir la section *Libérer son esprit, se régénérer*) :

<u>Les chansons ou vidéos</u>

Regardez ou écoutez ce qui vous réconforte et vous motive. J'adore la chanson *Crash and Burn* de Savage Garden, en voici un extrait :

« Because there has always been heartache and pain.
And when it's over you'll breathe again.
You'll breathe again. »

*En français : « Parce qu'il y a toujours eu du chagrin et de la douleur. Et quand ce sera fini, vous respirerez à nouveau. Vous respirerez à nouveau. »

LES OBSTACLES

Parler

Trouvez quelqu'un à qui vous faites confiance et racontez-lui toute l'histoire ! Puis, terminez la discussion sur un sujet plus positif.

Aider les autres

Vous vous sentirez utile et ça changera automatiquement vos vibrations. Ce n'est pas nécessaire de faire quelque chose d'extraordinaire, un simple petit geste pour rendre service à quelqu'un est suffisant.

Sortir de chez vous

Allez faire quelque chose qui vous plait et qui vous réconforte. Le simple fait de bouger et le changement de décor vous feront un grand bien.

Passer du temps avec des enfants

Les enfants ne passent pas de temps à ruminer, ils sont beaucoup plus en mode action ; ils ont le don de vivre dans l'instant présent, et de nous amener dans leur monde !

Sourire

Le sourire, même forcé, transmet le message au cerveau de produire de la sérotonine et de la dopamine. Puisque ces deux hormones sont directement liées au sentiment de joie et de bonheur, sourire nous rend forcément plus heureux.

Se libérer de la culpabilité

Même si cela concerne les hommes également, les femmes ont en général tendance à culpabiliser pour le moindre faux pas ou la moindre erreur. Qu'on soit un homme ou une femme, les raisons de se sentir coupable sont nombreuses : prendre du temps pour soi, refuser de rendre service à quelqu'un, ne pas être suffisamment présent pour les enfants, ne pas être assez performant au travail, etc.

Ce sentiment détruit l'estime de soi et gruge beaucoup d'énergie, et surtout, il ne mène à rien. Se sentir coupable d'actions passées ou de paroles prononcées est du temps perdu. Toutefois, on doit pouvoir faire la différence entre la culpabilité que l'on ressent inutilement et celle qui nous envahit lorsque l'on sait pertinemment que l'on a mal agi. En ce qui concerne la deuxième option, rectifiez la situation si possible, si ce n'est pas le cas, vous pourrez toujours compenser autrement. S'excuser, réparer et apprendre de ses erreurs sera beaucoup plus productif que de continuer à se flageller.

La culpabilité envers les autres

Si vos enfants, votre conjoint ou vos proches ne remplissent pas leurs obligations, et qu'ils en subissent les conséquences, vous n'en êtes pas responsable. Ne prenez surtout pas l'habitude de les remplir à leur place ; ils doivent faire leurs propres choix et vivre avec les conséquences.

En cessant de prendre en charge la responsabilité des actions des autres, ces derniers deviendront plus autonomes et plus confiants. C'est gagnant-gagnant !

Le stress et l'anxiété

« L'inquiétude est une mauvaise utilisation de l'imagination. »
~ Dan Zadra

Le stress et l'anxiété causent énormément de dommages à votre corps et à votre esprit. Ils vous nuisent également au niveau personnel et professionnel.

Depuis quelques années, le taux d'épuisement professionnel n'a cessé de grimper et les gens se disent constamment fatigués et stressés. En tant que société, nous devons tenir compte de ce fait et tenter d'y remédier. Pour y arriver, on doit d'abord identifier les facteurs qui ont contribué à l'augmentation du niveau de stress et d'anxiété.

Nous vivons dans une société où la performance et la productivité priment sur le bonheur et la liberté. Les entreprises cherchent constamment à diminuer les coûts et les délais de production, ainsi qu'à augmenter leur rendement. Pour survivre, elles doivent demeurer compétitives et par conséquent, les employés subissent de plus en plus de pression au travail.

Ensuite, il y a la technologie et les moyens de communication qui font en sorte qu'on soit constamment stimulé. Le cerveau doit traiter et emmagasiner une énorme quantité d'informations chaque jour. La technologie a également contribué à augmenter le rythme de notre vie. On peut accéder à toute l'information dont on a besoin en un clin d'œil et la retransmettre à l'autre bout du monde aussi rapidement. Le temps où l'on devait attendre plusieurs jours, ou même quelques semaines, pour recevoir nos documents par la poste est maintenant révolu.

Notre rythme de vie effréné a fait en sorte que l'on développe le « sens de l'urgence ». Les entreprises utilisent ce terme de façon positive ; il signifie pour elles : être proactif, agir rapidement. Le problème c'est que tout, absolument tout, nous semble désormais urgent. Le sens des priorités a fait place au sens de l'urgence, et ce dans toutes les sphères de notre vie. Un de mes amis disait : « Il n'y a pas d'urgence, nous ne sommes pas dans un hôpital ! » Effectivement, le seul endroit, en général, où il y a vraiment des urgences, c'est l'hôpital.

Inconsciemment, on a pris l'habitude d'agir comme si tout était une question de vie ou de mort. Ce qui n'est pratiquement jamais le cas, ce n'est qu'une question de perception. Le fait que tout bouge vite demande également une grande capacité d'adaptation ; ce qui signifie aussi une grande dépense d'énergie.

Être conscient des facteurs de stress nous permet de relativiser les choses et de prendre du recul. Chaque fois que vous êtes stressé ou anxieux, prenez le temps de vous arrêter et posez-vous les questions suivantes :

- Qu'est-ce qui me stresse autant ? Pourquoi ?

- Est-ce vraiment urgent ?

- La cause de mon stress a-t-elle une si grande importance ?

- Est-ce que cela vaut vraiment la peine que je me mette dans cet état ?

Ne vous inquiétez pas outre mesure, ni pour vos problèmes ni pour ceux des autres, en particulier pour des choses qui n'ont pas une grande importance. On doit apprendre à lâcher prise et à se détacher d'une certaine manière, même si ce n'est pas toujours facile.

Il y a plusieurs années, j'ai remarqué à quel point j'utilisais les mots « vite » et « dépêche » avec les enfants. Puis, j'ai essayé de diminuer l'utilisation de ces mots et de moins courir. La vie n'est pas une course folle, prenez le temps de respirer.

« Si un problème a une solution, alors il est inutile de s'inquiéter ; s'il n'en a pas, s'inquiéter n'y changera rien. »
~ Proverbe Tibétain

Plutôt que de courir partout aujourd'hui, dépêchez-vous de relaxer pour faire changement.

*Référez-vous aux exercices de la première partie pour mieux gérer votre stress ou votre anxiété (respiration, exercice, méditation, reiki, etc.). Vous pouvez également revoir la section *Perspective*.

La peur

« Ressentez la peur et agissez malgré tout. »
~ Susan Jeffers

Il y a quelques années, m'inscrire à une formation en coaching et faire un changement de carrière me faisait vraiment peur. J'ai posé la question suivante à la directrice du programme : « Que doit-on faire si quelque chose nous fait envie et nous fait peur à la fois ? ». Elle m'a répondu par la citation ci-dessus, depuis c'est devenu l'une de mes préférées.

La peur est une émotion fascinante. Selon différentes études, la peur de parler en public serait plus répandue que la peur de la mort. En tant qu'êtres humains, nous ressentons la peur et y réagissons en expérimentant un large éventail de réactions physiques et émotionnelles. Bien qu'elle soit toujours présente dans notre vie, nous devons nous rappeler que son seul but est de nous protéger du VRAI danger. Mais comment peut-on surmonter la peur ?

Au-delà du pouvoir de la peur

La plupart d'entre vous ont été confrontés à la peur à plusieurs reprises au cours de votre vie. Elle fait partie de notre réalité et si vous n'y faites pas face vous perdrez votre liberté de choix. La peur peut contribuer à sauver votre vie ou à la ruiner.

Vous savez tous ce que c'est que d'être paralysé par les inquiétudes, l'anxiété ou même la terreur. *Hitler* est un bon exemple de la façon dont une seule personne peut contrôler un pays entier, constitué de millions de gens, en répandant la peur parmi la population. La plupart du temps, le sentiment de peur n'est qu'une question de perception : l'illusion du danger. Une fois que vous avez réalisé que le danger n'est pas réel, vous pouvez surmonter la peur.

> « Tout ce que vous avez toujours voulu
> est de l'autre côté de la peur. »
> ~ George Addair

Will Smith, célèbre acteur et producteur, décrit son saut en parachute comme étant une des expériences les plus extraordinaires de sa vie. Il nous parle de la peur qu'il éprouvait la veille dans son lit, alors qu'il n'y avait rien de menaçant à ce moment-là. Il explique comment elle peut ruiner nos journées inutilement. Ensuite, il nous raconte que pendant son saut, il n'éprouvait aucune peur, il prenait plutôt plaisir à voler. Il dit en avoir retiré cette leçon :

> « Au point maximum de danger,
> se trouve le point minimum de la peur. »
> ~ Will Smith

Une opportunité d'avancer

Les peurs vous murmurent à l'oreille constamment. Si vous ne les écoutez pas, elles vous parleront plus fort jusqu'à ce qu'elles commencent à « crier ».

Lorsque vous avez quelque chose en tête depuis longtemps, c'est probablement parce que vous devriez le faire, même lorsque la peur est présente. La peur est comme une boussole qui vous montre le chemin de l'évolution et de la croissance. Tout ce que vous avez à faire est de suivre ce chemin. Écoutez votre voix intérieure, cessez de penser et passez à l'action !

« Vous n'avez pas besoin d'être excellent pour commencer, mais vous devez commencer pour devenir excellent. »
~ Zig Ziglar

Devenir plus conscient

Les scientifiques ont prouvé que la peur a beaucoup moins de pouvoir lorsque nous élevons notre niveau de conscience. Une des parties les plus anciennes de notre cerveau nommée amygdale (que possèdent également les reptiles et poissons) a pour fonction de détecter une menace imminente. Elle envoie un signal d'alarme et active la réponse *de lutte ou de fuite*, une réaction physiologique qui se produit lorsque nous percevons une agression ou une menace à notre survie.

Cependant, les neurosciences nous informent qu'une autre partie de notre cerveau est activée lorsque nous prenons conscience de la peur, le cortex préfrontal. Cette région du cerveau, qui implique la prise de décision et la gestion des comportements sociaux, réduit l'activité de l'amygdale. Vous pouvez dorénavant réagir à la peur de façon plus logique au lieu de vous sentir accablés ou paralysés. Plus vous entrainez votre cerveau à identifier et à surmonter vos peurs, plus cela devient facile. Être conscient de ce procédé est un atout puissant pour vaincre la peur.

Peur de l'échec, peur du succès

« N'ayez pas peur de l'échec. Ayez peur d'être exactement au même endroit l'an prochain que vous l'êtes aujourd'hui. »
~ Inconnu

Quels sont les facteurs qui déterminent le succès ou l'échec ? Pourquoi deux personnes ayant le même potentiel peuvent-elles obtenir des résultats extrêmement différents ? La première semble réussir tout ce qu'elle entreprend, alors que la seconde a une vie remplie d'échecs. Est-ce une question de chance, de milieu ou de génétique ? Les études révèlent les résultats suivants :

Facteurs déterminants du succès :

- 50 % : Génétique

- 40 % : Comportement, attitude, action, programmation mentale

- 10 % : La chance, les opportunités, l'environnement

Il y aurait donc 40 % des facteurs sur lesquels on a le contrôle. En vous concentrant sur ces facteurs, vous augmenterez vos chances de succès. Les pensées et les croyances font souvent la différence entre l'échec et le succès.

Certaines personnes ont autant peur de la réussite que d'autres ont peur de l'échec. Si vous pensez que vous ne méritez pas le succès, votre cerveau fera tout pour prouver que vous avez raison. Si vous ne croyez pas en vous, vous vous dirigerez tout droit vers l'échec. Vous devez changer vos croyances, cesser de faire de l'auto-sabotage et ne pas envoyer de messages contradictoires à votre cerveau. (voir section *Reprogrammation du cerveau*)

Toutefois, le passé n'est pas le reflet de l'avenir ! Si vos tentatives d'atteindre un certain objectif ont échoué, cela ne signifie pas que vous ne pourrez pas réussir éventuellement. Vous devrez par contre apporter des modifications à votre plan d'action. Après un échec, on doit se remettre en selle le plus rapidement possible ; lorsque la peur est récente, il est plus facile de la désamorcer.

« Que vous pensiez que vous pouvez ou que vous ne pouvez pas, dans les deux cas vous avez raison. »
~ Henry Ford

Dans la vingtaine, je faisais partie d'une ligue de quilles. Chaque équipe était constituée de quatre joueurs, j'étais la moins forte de mon équipe et une des plus faibles de toute la ligue. J'étais très sportive, mais je n'ai jamais été vraiment bonne aux quilles. Un soir, après avoir lancé ma première boule, il me restait deux quilles d'un côté et une de l'autre. Habituellement, je me contentais de choisir le côté où il y en avait deux, et je n'arrivais pas toujours à les faire tomber.

Mais cette fois-là, j'ai demandé au meilleur joueur de m'expliquer où je devais envoyer ma boule pour réussir à faire tomber les trois. Il m'a répondu que même pour lui c'était difficile, étant donné la façon dont elles étaient placées ; il m'a conseillé de me concentrer sur le côté où il y en avait deux. Mais j'ai insisté, alors il me l'a expliqué. Je l'ai écouté et j'ai lancé. Avant de prendre mon élan, j'étais convaincue que les trois quilles tomberaient. Et c'est ce qui est arrivé !

Il vous est probablement déjà arrivé d'avoir ce genre de pressentiment ou de conviction ; de savoir à l'avance que vous allez réussir ou échouer. Ces convictions ne trompent jamais. Si vous voulez atteindre un objectif et que vous êtes aussi convaincu que je l'étais ce soir-là, votre réussite est assurée !

Exercice

Scénario 1 :
Trouvez un moment où vous aviez la conviction de réussir, bien que cela vous aurait normalement semblé impossible, ou pensez à un de vos succès dont vous êtes fier. Faites jouer le film dans votre tête en portant attention aux détails, à vos émotions, vos sentiments vis-à-vis cette réussite (voir section *Visualisation*).

Scénario 2 :
Pensez maintenant à la situation pour laquelle vous avez peur d'échouer en reproduisant les mêmes émotions et sentiments que dans le scénario précédent. L'association d'émotions positives avec la situation en question augmentera vos chances de succès. Cela réduira également l'emprise de votre peur.

La peur amusante, stimulante

Dans la partie la plus récente de notre cerveau, située dans le cortex préfrontal, se trouve le « centre d'amusement ». Selon les neuroscientifiques, lorsque nous entrainons notre cerveau à activer fréquemment le « centre d'amusement », la peur perd son pouvoir sur nous. Vous pouvez profiter des occasions de vous amuser tout en ressentant la peur volontairement, par exemple : dans les parcs d'attractions ou en vous lançant des défis amusant pour affronter vos peurs. Sinon, le simple fait de vous amuser régulièrement sera déjà très bénéfique. Ne laissez pas la peur saboter votre vie, utilisez son énergie pour avancer et grandir. Mettez fin à vos peurs et amusez-vous !

Les exutoires

Qu'est-ce qu'un exutoire ? C'est un moyen de se débarrasser d'une envie, d'une pulsion. Les exutoires nous permettent de faire sortir la pression, le stress et les émotions négatives.

Toutefois, ils doivent demeurer sains dans la mesure du possible et être utilisés avec parcimonie. Ils ne doivent pas vous faire dérailler de votre route ou vous faire perdre de vue vos objectifs. Par exemple, vous pouvez manger une barre de chocolat mais pas cinq, vous pouvez sortir une soirée faire la fête mais pas trois soirs par semaine.

Je vous suggère de faire une liste d'exutoires, puis de vous y référer lorsque vous vous sentez submergé.

Chapitre 21
Vaincre la procrastination

« Peu importe comment tu te sens,
lève-toi, habille-toi et montre-toi. »
~ Regina Brett

À moins d'exception, ne remettez pas à demain ce que vous pouvez faire aujourd'hui. La constance et les habitudes vous aideront à vaincre la procrastination. L'important ce n'est pas le nombre de choses que vous faites, mais plutôt de progresser jour après jour.

Il arrive que l'on soit fatigué, que l'on doive travailler tard ou que l'on n'ait pas envie de faire une tâche en particulier. Dans ces moments, choisissez la partie plaisante de vos tâches pour commencer. Cela vous permettra d'avancer et il vous sera plus facile de continuer par la suite. Puis, à la fin de la semaine, vous serez fier d'avoir rayé de votre liste les choses que vous vouliez accomplir. Cela augmentera votre estime et confiance en vous. Pour vous aider, posez-vous les questions suivantes :

- Comment me sentirai-je si je n'accomplis pas cette tâche ? Et si je l'accomplissais ?

- Quels moyens ou techniques pourraient m'aider à éviter de procrastiner ?

- Qu'ai-je fait par le passé pour vaincre la procrastination ?

Les blocs de temps

Les blocs de temps vont vous permettre de berner votre cerveau. Il est beaucoup plus facile de commencer une tâche en se disant qu'on en aura seulement pour 15 à 30 minutes, plutôt que de penser qu'on en aura pour cinq heures.

Les blocs de temps de trente minutes avec l'application *Eggscellent* (voir section *Listes d'applications utiles*), fonctionnent bien en ce qui me concerne. Après le premier bloc, il y a de bonnes chances pour que vous ayez envie d'en faire un autre. Si cela demeure ardu, dites-vous que vous ne ferez que quinze minutes de plus, et ainsi de suite. Cela vous donnera l'illusion de réduire l'énergie d'activation (voir section *Les habitudes*). Vous pouvez prendre une petite pause de cinq minutes entre chaque bloc ou une pause de vingt minutes après quatre blocs. Vous pouvez même faire une sieste durant cette période.

Au cours de ces blocs, ne vous concentrez que sur vos tâches et fermez tout le reste : courriels, Facebook, votre téléphone cellulaire, etc. Les gens peuvent vous laisser un message, vous y répondrez plus tard. Vous avez également une fonction sur iPhone pour les cas d'urgence : si quelqu'un vous appelle deux fois en moins de trois minutes, votre téléphone sonnera même si la sonnerie est désactivée.

Si vous travaillez de cette façon, vous serez impressionné de tout ce que vous arriverez à faire en quelques heures. Donc, plus d'excuse, fermez tout et concentrez-vous sur une chose à la fois !

Les tâches facultatives ou inintéressantes

Programmez une journée par mois ou quelques heures par semaine, faites les tâches que vous reportez constamment. Cela a vraiment un effet libérateur ! Profitez-en pour retirer de votre liste celles que vous ne ferez probablement jamais et qui ne sont pas réellement obligatoires, par exemple : faire le tri des photos. Cela libèrera votre esprit.

Ne rien faire

Cela peut paraître contradictoire, mais ne rien faire peut contribuer à vaincre la procrastination.

Tout ce que vous avez à faire c'est de vous assoir et de choisir de ne rien faire tant que vous ne serez pas prêt à commencer la tâche sur laquelle vous procrastinez. Et ne « rien faire » dans ce cas-ci ne signifie pas d'ouvrir la télévision ou de faire une sieste, mais plutôt de s'assoir les bras croisés et d'attendre tout simplement. C'est votre tâche ou rien !

Généralement, notre niveau de tolérance à l'inaction ne dépasse pas les deux minutes. Vous finirez par choisir votre tâche, ne rien faire vous paraîtra ennuyeux et pénible. Adieu la procrastination !

Chapitre 22
La résistance

« Avancer est facile, rester immobile est difficile »
~ Regina Spektor

S'ouvrir aux changements, à la nouveauté

Laquelle de ces deux options est la plus facile et la plus plaisante : demeurer immobile une heure ou marcher durant une heure ? Laquelle représente une occasion d'apprendre, d'expérimenter ou d'évoluer ?

La vie est une suite de changements, autant s'y préparer. Et pourquoi ne pas s'en réjouir ? Sans changement, ce serait monotone et pénible ; la vie est remplie d'opportunités, à vous de les voir et de les saisir.

Vous rappelez-vous mon anecdote sur le vol de Paris ? L'an passé, j'ai rencontré deux touristes qui attendaient un taxi. Ils voulaient connaître les endroits intéressants à visiter dans ma ville. Puisque le taxi arriva rapidement, je n'ai pas eu le temps de répondre à leur question. Je leur ai donc laissé mon nom en leur disant de m'écrire sur Facebook pour que je leur donne les informations dont ils avaient besoin.

Un d'entre eux insistait pour m'inviter à faire une sortie, et j'ai fini par accepter. On a passé trois semaines ensemble durant leur séjour et un mois plus tard je suis partie pour Paris. J'y suis demeurée un mois et malgré le fait que cette relation se soit terminée, j'ai adoré mon expérience et j'ai rencontré des gens extraordinaires.

Certains changements nous sont imposés alors que d'autres font partie de nos choix. Notre capacité d'adaptation et de résilience contribue à notre joie de vivre. La vie du homard est un excellent exemple de résilience et de sortie de zone de confort. À mesure que le homard grossit, il commence à se sentir coincé dans sa carapace. Le manque d'espace fait en sorte qu'il se sent inconfortable, il décide donc de se départir de cette carapace. Durant cette période, il est vulnérable et doit se cacher des prédateurs pour reconstruire une carapace plus grande et plus confortable. Le homard recommencera ce rituel plusieurs fois au cours de sa vie.

Vous devez accepter la sensation d'inconfort et le sentiment d'être perdu ou vulnérable. C'est simplement une étape du processus de changement comme l'illustre si bien cet extrait de *The Parable of the Trapeze* (La parabole du trapèze) de Danaan Parry :

« Je vois une autre barre de trapèze qui se balance vers moi. Elle est vide et je sais, dans cet endroit en moi qui sait, que cette nouvelle barre de trapèze porte mon nom. C'est ma prochaine étape, ma croissance, ma vitalité qui vient me chercher. Au plus profond de mon cœur, je sais que pour évoluer, je dois libérer mon emprise de cette barre présente, connue, et passer à la nouvelle. »

Face à la nouveauté, votre cerveau enclenche un processus de reconnaissance de données. Puisqu'il n'a pas de référence, il se met en mode d'apprentissage et commence à intégrer de nouvelles données. Au cours de ce processus, il est tout à fait normal d'éprouver de la confusion. Après un certain temps, ce qui était nouveau deviendra connu et vous aurez le sentiment de reprendre le dessus.

> « La folie c'est de faire la même chose, encore et encore,
> en espérant des résultats différents. »
> ~ Albert Einstein

Profitez de chaque occasion pour essayer quelque chose de nouveau ; choisissez un nouveau restaurant ou un nouveau plat, allez marcher dans un nouveau sentier, discutez avec de nouvelles personnes, etc. Ceci créera de nouveaux parcours dans votre cerveau ; plus il y aura de nouveauté dans votre vie, plus votre cerveau sera stimulé.

Blocage, impasse, paralysie

> « Chaque mouvement crée un changement. »
> ~ Nadia Caouette

Se sentir « bloqué » ou « paralysé » nous arrive à tous de temps à autre, mais ce qui importe vraiment, c'est ce que vous faites pour sortir de cet état. Vous devez avoir une liste de solutions auxquelles vous référer, puisque dans ces moments, cela peut nous prendre du temps à en trouver. La méthode qui suit pourra également vous aider :

1. S'arrêter et se libérer

    Prenez le temps de vous arrêter et de reconnaître le sentiment qui vous habite. Ensuite, détendez-vous et libérez tranquillement ce sentiment.

2. Vivre dans le moment présent

Vivez dans le moment présent ! Lorsqu'on voit trop loin, certaines tâches ou épreuves nous paraissent insurmontables. Cela augmente notre niveau de stress et nous paralyse. Concentrez-vous sur ce que vous avez à faire pour les prochaines minutes seulement.

Vos cinq sens peuvent vous aider à revenir dans le moment présent : portez attention à ce que vous voyez, touchez, entendez, sentez et goutez. Portez attention à un seul sens à la fois. La vue et l'ouïe sont généralement les deux sens les plus puissants, ils relèvent des mêmes circuits.

3. Réduire l'énergie d'activation

Voir sections *L'énergie d'activation* et *Les blocs de temps*.

4. Revenir en mode action

Lorsque vous vous sentez un peu mieux, revenez en mode action par petites étapes. Cessez d'abord d'écouter la voix dans votre tête ou vos émotions. Commencez par faire des tâches simples et rapides à exécuter. Même si vous pensez qu'accomplir une certaine tâche ne changera rien à votre situation, et même si vous n'en avez pas envie, prenez la décision d'agir malgré tout. Cela vous aidera à revenir tranquillement en mode action.

Si rien ne fonctionne et que vous vous sentez toujours « bloqué », allez faire quelque chose de nouveau, d'amusant, ou dont vous avez envie depuis longtemps. Cela vous permettra de libérer la pression et de faire circuler l'énergie à nouveau.

Observez et notez ce qui fonctionne pour vous et puis ressortez ces notes la prochaine fois que vous serez dans une impasse semblable.

Ce chapitre sur les obstacles est très important et peut faire la différence entre la réussite ou l'échec de vos objectifs. Revenez-y lorsque vous sentez que vous n'avancez plus et posez-vous la question suivante :

Comment ai-je résolu un problème similaire par le passé ?

NEUVIÈME PARTIE

Entourage, support

« Vous êtes la moyenne des cinq personnes
avec lesquelles vous passez le plus de temps. »
~ Jim Rohn

Qui vous inspire ? Qui est votre mentor ? Pourquoi ?

Il est primordial de bien choisir son entourage. Entourez-vous de personnes énergiques, positives et qui réussissent. Cela vous propulsera vers l'avant, et votre estime et confiance en vous augmenteront.

Chapitre 23
S'entourer de gens inspirants

« Pour devenir le meilleur, demandez au meilleur. »
~ Bo Eason

Bo Eason, ancien joueur de football américain, a réorienté sa carrière pour devenir acteur. Il raconte la façon dont il a simplement demandé à Al Pacino, acteur célèbre, d'être son mentor. Al Pacino a accepté en mentionnant que personne ne l'avait jamais sollicité pour cette raison. Incroyable, non ?

Entourez-vous de gens en qui vous avez confiance, qui croient en vous, vous encouragent et vous félicitent pour vos accomplissements. Éloignez-vous des gens négatifs qui vous demandent beaucoup d'énergie.

On peut classer les gens de notre entourage dans trois catégories (idéalement, vous devriez retrouver environ un tiers de ces personnes dans chacune des catégories) :

- Le niveau d'apprentissage :

    Ce sont les gens de votre entourage qui sont rendus moins loin que vous dans certaines sphères de leur vie. Ils souhaitent s'améliorer, votre mission est de les aider à progresser. C'est bon pour eux et pour vous !

- Le même niveau :

    Ce sont ceux qui sont rendus au même endroit que vous sur la plupart des plans. Ce sont généralement des amis ou collègues avec qui vous pouvez discuter, ils vous comprennent et vice versa.

- Le niveau supérieur :

    Ce sont ceux qui sont rendus où vous souhaitez vous rendre. Ils vous enseignent ce qu'ils savent, vous guident et vous encouragent. Ce sont des coachs, mentors ou conseillers. Observez, apprenez et évoluez auprès des gens qui ont réussi.

> « La façon la plus rapide pour changer soi-même est de passer du temps avec des gens qui sont déjà ce que vous voulez être. »
> ~ Reid Hoffman

La plupart des gens qui ont du succès dans leur vie ont passé par de dures épreuves, tant au niveau physique qu'émotionnel. Inspirez-vous de gens qui ont vécu de grandes difficultés et qui en sont ressortis gagnants.

Bethany Hamilton, la surfeuse qui a perdu un bras suite à une attaque de requin, est l'une des personnes qui m'inspirent le plus. Au cours de sa participation à *Amazing Race*, elle nageait plus rapidement que d'autres concurrents masculins, qui sont également des athlètes. À travers les nombreuses épreuves qu'elle doit traverser, on constate non seulement qu'elle possède une force physique hors du commun, mais aussi une attitude incroyablement positive. L'observer, suite à mon accident de voiture, a contribué à me redonner espoir en mes capacités et mes rêves. Merci Bethany d'être un exemple pour chacun d'entre nous.

L'effet papillon 🦋

« Le battement d'ailes d'un papillon au Brésil peut-il provoquer une tornade au Texas ? »
~ Edward Lorenz

Selon la théorie du chaos, un infime changement peut entraîner des résultats totalement différents. Que vous en soyez conscient ou non, chaque geste a un impact positif ou négatif dans l'Univers. Vos paroles et vos actions ont beaucoup plus d'influence sur les autres et sur l'avenir que vous ne le croyez. Certaines personnes ont eu une grande influence sur moi et pourtant ils n'en savent rien.

Posez des gestes positifs qui font en sorte que vous êtes fier de vous et que les autres ont envie de vous imiter. Le film *Payez au suivant* (*Pay it Forward*), démontre clairement l'impact que l'on a sur autrui et l'effet d'entrainement que cela crée. Si vous ne l'avez pas vu, visionnez-le c'est un excellent film.

Comme pour les pensées, chaque action en entraine une autre. Chaque parole, chaque petit geste comptent. Lorsque vous parlez aux gens, parlez-leur de vos passions, de vos passe-temps et non de vos problèmes. Les gens vont suivre le mouvement et cela changera vos vibrations et celles de ceux qui vous entourent. La multiplication de l'énergie positive se reflètera sur vous et votre environnement. Cela vous permettra d'évoluer, de guérir ou de résoudre vos problèmes plus facilement.

Une seule personne peut rapidement créer un mouvement positif et encore plus rapidement un mouvement négatif. Portez une attention particulière à vos pensées, vos paroles, et vos actions, elles sont beaucoup plus puissantes que vous ne le croyez !

« Hier j'étais intelligent, j'essayais de changer le monde. Aujourd'hui je suis sage, alors je me change moi-même. »
~ Rumi

Chapitre 24
Support

Investir en vous-même est le meilleur investissement qui soit !
~ Nadia Caouette

Trouvez-vous un mentor, ou un coach, cela vous aidera à franchir les obstacles plus facilement. Avoir un plan d'action, des comptes à rendre, du soutien et un suivi vous permettra de progresser rapidement. Vous parviendrez peut-être même à un niveau que vous n'auriez jamais pensé atteindre.

Pour en avoir fait l'expérience, et avoir vu les résultats chez mes clients, je peux vous assurer que vous obtiendrez des résultats plus rapidement que si vous étiez seul. La probabilité d'atteindre vos objectifs sera multipliée et le délai pour y arriver sera beaucoup plus court. Essayez-le, vous verrez à quel point ce soutien peut vous être bénéfique !

Lors d'une entrevue, le PDG de Google, Eric Schmidt, a déclaré (Bill Gates appuie également ces propos dans un discours TED) que le meilleur conseil qu'il avait reçu était :

« Engage un coach. Tout le monde a besoin d'un coach ! »

Apprendre à demander de l'aide

Pour plusieurs, moi la première, demander de l'aide peut s'avérer difficile. Il faut parfois beaucoup de courage pour y arriver, mais c'est généralement la meilleure chose à faire.

Vous croyez peut-être qu'avoir besoin d'aide est un signe de faiblesse. Cette croyance limitante peut être inconsciente, mais elle est toutefois bien présente. En réalité, solliciter l'aide d'autrui est plutôt un signe de force intérieure et non de faiblesse ; par cet acte, vous démontrez de l'assurance, de l'humilité et de la confiance. Demander de petits services rapides et faciles vous permettra de constater que les gens sont généralement heureux de donner un coup de main. Ce sera également une occasion de renforcer vos liens avec votre entourage.

Certaines études soutiennent qu'aider autrui aurait un effet bénéfique sur le système immunitaire. Les gens ressentent généralement un sentiment de satisfaction après avoir rendu service. Il n'y a donc aucune raison de vous priver de l'aide des autres ; non seulement vous en profiterez, mais la personne qui vous aidera en sera également récompensée.

Vous pouvez tout autant demander de l'aide aux forces supérieures, que ce soit Dieu, les anges, les êtres chers décédés ou l'Univers (selon vos croyances, l'important c'est d'y croire). Soyez précis et faites vos demandes, ou prières, à voix haute idéalement, d'un ton décidé.

> Vous êtes beau, magnifique, sexy, intelligent et fort.
> Voilà, je l'ai dit, c'est maintenant
> à vous de travailler pour y croire.
> ~ Steven Aitchison

DIXIÈME PARTIE

Chapitre 25
Célébration, récompenses

« La vie ne doit pas seulement être vécue, elle doit être célébrée. »
~ Osho

Gratitude

La gratitude nous fait prendre conscience de ce que l'on a et crée un état de bien-être, qui contribue à augmenter nos vibrations. Soyez reconnaissant pour tout ce que vous avez et remerciez Dieu ou l'Univers (selon vos croyances). Cela vous aidera à vous concentrer sur le côté positif et améliorera votre humeur.

Fermez les yeux une ou deux minutes chaque jour juste avant de vous endormir, ou au moment du réveil, pour réfléchir à toutes les choses pour lesquelles vous êtes reconnaissant. Cela va créer une empreinte dans votre subconscient et il cherchera à amener plus de positif dans votre vie. Tout comme pour la visualisation, le temps du coucher et du réveil sont les moments idéaux pour faire cet exercice.

Exprimez également votre gratitude envers les autres le plus souvent possible. Il existe plusieurs façons de le faire, en voici quelques exemples simples :

- Écrire une lettre
- Envoyer un cadeau par la poste
- Aider quelqu'un
- Remercier
- Dire « Je t'aime »
- Rendre service
- Offrir des fleurs
- Envoyer un texto (ou courriel) juste pour faire plaisir
- Démontrer votre affection
- Sourire

Un jour, mon père m'a offert un livre qui m'a beaucoup aidé à améliorer ma santé, c'est l'un des plus beaux cadeaux que j'ai reçus. Si vous avez aimé ce livre, offrez-en un exemplaire à une personne qui vous est chère pour lui démontrer votre gratitude.

Suivi, bilan

Effectuer un suivi de vos progrès est essentiel à votre réussite. Faites un bilan chaque semaine, chaque mois et chaque fin d'année. Procédez aux ajustements nécessaires en ce qui concerne vos attentes, votre échéancier et la façon d'arriver à atteindre vos objectifs. Ce n'est pas parce que vous n'obtenez pas de résultat immédiatement que cela n'arrivera jamais. La patience est une vertu, ne vous découragez pas et n'abandonnez surtout pas.

« Se réajuster ce n'est pas échouer. »
~ Nadia Caouette

Prenez en note vos réussites, vos progrès, vos échecs ainsi que les obstacles survenus. Puis, à partir de ces données, faites un brainstorming pour trouver des idées qui vous aideront à surmonter les obstacles. Félicitez-vous de vos succès, puis célébrez et récompensez-vous !

Se récompenser

Chaque fois que vous atteignez un but ou vous faites des progrès, récompensez-vous avec des choses amusantes et originales qui apportent de la joie dans votre vie. Si vous travaillez sur un gros projet, morcelez-le et choisissez une récompense pour chaque étape. Cela vous encouragera à aller de l'avant, surtout quand vous traversez une période plus difficile. C'est également une façon de célébrer.

Faites une liste de récompenses que vous diviserez en trois catégories : petites, moyennes et grandes. Vous pourrez choisir une petite récompense après avoir passé une journée productive, et une grande au moment où vous aurez atteint un gros objectif. Vous pouvez également mettre en place un système de points : associez un nombre de points à chaque tâche (ou objectif) et récompense. À la fin de chaque semaine, choisissez une récompense en fonction du nombre de points que vous aurez accumulé, ou conservez ces points pour choisir une plus grosse récompense la semaine suivante. Utilisez aussi un système de récompense avec vos enfants.

Rire, s'amuser

S'amuser sur une base régulière crée une énergie positive et attire des choses et des gens positifs dans votre vie. Tout en étant amusante, la pratique de nouvelles activités ainsi que celles qui vous rendent heureux stimule votre cerveau et renforce votre système immunitaire. Rire et s'amuser est essentiel au maintien d'un style de vie équilibré.

Rien ne vous interdit de faire un pique-nique dans le salon ou d'aller au cinéma en pyjama avec les enfants et leur oreiller. Parfois, les seules règles qui nous briment sont celles que l'on s'impose à soi-même. Sortez de votre coquille, pensez autrement et éclatez-vous !

Live, Laugh, Love !

Célébrer

Célébrer vos réussites vous motive à vous dépasser. Lorsque vous célébrez, votre subconscient associe le succès à une émotion positive qu'il cherchera dorénavant à recréer. Il enverra le message à votre cerveau de chercher à atteindre le succès, de sorte qu'il dirigera vos actions et vos choix vers la réussite. Comme pour les récompenses, célébrez chaque étape menant à la concrétisation de vos rêves. Célébrer vos succès vous motivera également à accomplir un plus grand nombre de choses.

Maintenant, appelez un ami et allez célébrer tous les efforts que vous avez faits depuis le début de votre lecture.

Félicitations !!!

Pour toi Tomy, le seul de mes enfants dont je n'ai pas parlé dans ce livre. Pas facile d'être l'enfant du milieu, je comprends maintenant pourquoi tu t'es auto-proclamé « mon enfant préféré » ! Mais tu vois, je ne t'ai pas oublié ! Merci d'avoir été là et de m'avoir rendu service pendant que j'écrivais ce livre. Je t'aime xo

Votre histoire, vos réussites

Je suis très heureuse d'avoir fait partie de votre aventure ! Je vous invite maintenant à me faire part de vos anecdotes et des résultats que vous aurez obtenus suite à votre lecture.

Je lirai vos messages avec joie et je partagerai peut-être même certains de vos résultats dans la prochaine édition (avec votre permission bien sûr). Vous pouvez communiquer avec moi par courriel (admin@nadiacaouette.com) ou en privé sur Facebook (www.facebook.com/nadia.caouette).

Au plaisir de vous connaître !
Nadia xo

Fin...

et commencement de vos nouveaux projets !

À propos de l'auteur

Nadia Caouette est Coach de vie et d'affaires certifiée, auteur et conférencière. Elle offre différents services aux particuliers et aux entreprises. Ses services sont disponibles en personne et également sur Skype, en français et en anglais.

Pour la contacter :

Courriel :   admin@nadiacaouette.com
Facebook : https://www.facebook.com/nadiacaouette

Pour en savoir plus sur les programmes de coaching, les conférences et les évènements à venir, ainsi que pour lire les articles du blog :

Site web :   http://www.nadiacaouette.com

Remerciements

Merci à vous, chers lecteurs, pour m'avoir accordé votre confiance et d'avoir consacré du temps à ce livre. Je vous souhaite d'atteindre vos objectifs tout en profitant du parcours qui vous y mènera.

Merci à Christine Michaud, avec qui j'ai eu le plaisir d'échanger quelques mots à deux reprises, qui m'a démontré que l'on pouvait demeurer une personne simple et aimante tout en étant connue.

Merci à Marc Fisher qui m'a encouragé à écrire ce livre grâce à son atelier d'écriture à Québec, durant lequel j'ai gagné une entrée pour le *Grand Symposium d'écriture* à Montréal. Ce Symposium avait lieu le jour de mon anniversaire. Quel merveilleux cadeau !

Merci à Christy Primmer pour son évènement *Build Your Empire* à Toronto, où j'ai eu la chance de rencontrer Jenn Scalia, Caleb Maddix, Matt Maddix, Kevin V. Huhn, Melyssa Moniz, Amanda Canales Polanco et plusieurs autres.

Merci à mes enfants, Samuel-Alexandre, Tomy et Sacha d'être devenu de grandes personnes dont je suis fière. Vous êtes la raison pour laquelle j'ai parcouru tout ce chemin et que je n'ai jamais abandonné. Je vous aime plus que tout ! xox

Merci aussi à toi Alexia pour faire partie de la vie de mon fils et de la mienne. Tu es une belle-fille extraordinaire !

Merci à ma mère pour la révision de ce livre et pour tout le reste, la liste est longue. Je l'apprécie plus que tu ne pourrais le penser. Je t'aime maman ! xo

Merci à mon père pour m'avoir soutenu, écouté et appuyé dans les moments difficiles. Merci de toujours croire en moi ! Je t'aime papa ! xo

Merci à ma sœur Cynthia et Vincent pour leur hospitalité durant les nombreuses réunions de famille autour d'un bon repas. Il est très réconfortant de savoir qu'il existe, près de chez soi, un endroit où l'on se sent bien, avec des gens qu'on aime, et où la porte est toujours ouverte.

Merci à Bastien, mon filleul, pour sa détermination, son courage et son immense force intérieure. Ton sourire, ta joie et ton appréciation des petites choses me rappellent la chance que j'ai d'être ta marraine et à quel point la vie est belle.

Merci à Laurie pour m'avoir accueilli chez toi à Toronto, pour tes confidences et pour toutes nos discussions.

Merci à Julie pour tous les bons moments partagés, pour ton écoute et tous les fous rires (surtout ceux de l'Isle-aux-Coudres). Sans oublier tout le temps qu'on a passé à danser !

Merci à Yves pour ta générosité, ta bonne humeur, ton énergie et ton positivisme contagieux.

Merci à Jonathan pour ton écoute, ton soutien, et pour avoir cuisiné un nombre incalculable de succulents repas !

Merci à Véronique pour les photos et les discussions sur l'entrepreneuriat. Tu es inspirante par ta créativité, ton enthousiasme et ta volonté de réaliser tes projets.

Merci à Jean pour m'avoir écouté et encouragé à suivre ma voie malgré mes peurs et mes doutes.

Merci à Guy pour m'avoir accompagné à Montréal pour le *Grand Symposium d'écriture*. La présence d'un ami en cette journée d'anniversaire était très appréciée.

Merci à Anna pour ta façon de voir la vie, ta joie de vivre et ton amitié. Je sais que je peux compter sur toi et tu seras toujours la bienvenue chez moi.

Merci à Pascal pour ta guidance, ton énergie et toutes nos discussions sur des sujets parfois abstraits et complexes. Et pour ton succulent sirop d'érable bien sûr!

Merci à David pour toutes nos conversations inspirantes, ton hospitalité et ta bonne humeur.

Merci à Frédéric pour ton accueil chez toi à Montréal, ton énergie et tous les fous rires. Avec toi la vie est une nouvelle aventure chaque jour!

Merci à Jérôme pour m'avoir toujours soutenu, d'avoir cru en moi (parfois plus que je n'y arrivais moi-même), et pour tous les arcs-en-ciel et les Calinours!

Merci à tous mes amis qui croient en moi, m'encouragent et me font rire. Vous êtes nombreux et j'ai énormément de chance de vous avoir dans ma vie.

Merci à Sarah pour les leçons de coaching, ta générosité et ton intégrité. Tu es inspirante par ta joie de vivre, ta volonté d'atteindre tes objectifs et ta créativité.

Merci à Raymonde qui a grandement contribué à mon rétablissement et qui me rappelle à quel point tout est possible.

Merci à toi mon Ange! xo

Bibliographie

ABD-AL-KARIM, Steve (2016), *Comment re-programmer son cerveau en 18 minutes.*

ACHOR, Shawn (2011), *The happy secret to better work*, TEDx.

ASSARAF, John, *Brain-A-Thon.*

BERNSTEIN, Gabrielle (2014), *Des Miracles Maintenant!*

BURCHARD Brendon, *High performance Academy: The Charge Edition.*

CLEAR, James (2016), *The Chemistry of Building Better Habits.*

COMPTOIS, René-Louis (2006) *Gérer efficacement son temps*, Les Éditions Québecor.

CRAIG, Gary, (2013), *The EFT Basic Recipe by Founder Gary Craig.*

CUDDY, Amy (2012), *Your body language may shape who you are*, TEDx.

DORAN, G. T. (1981), *"There's a S.M.A.R.T. way to write management's goals and objectives"*, Management Review.

DYER, Dr Wayne (2009), *Il existe une solution spirituelle à tous vos problèmes.*

DYER, Dr Wayne (2013), *Tous vos vœux sont exaucés.*

FOX, Justin (2014), *Instinct Can Beat Analytical Thinking*, Harvard Business Review.

GALIPEAU, Silvia (2015), *Autres théories du bonheur*.

GILBERT, Dan (2004), *Surprising Science of Happiness*, (TED).

GROSSMAN, David (2008), *On Combat: The Psychology and Physiology of Deadly Conflict in War and Peace*.

HALL and DUVAL (2004), *Coaching Conversations*, Axes of Change.

KHAZAN, Olga (2015), *When Fatigue Boost Creativity*.

MORESCHI, Cécile, *L'impact de la méditation sur le cerveau*.

PARRY, Danaan (1991), *"Warriors of the Heart— A Handbook for Conflict Resolution", The Parable of the Trapeze*, Earthstewards Network Publishing, Bainbridge Island Washington.

PATRICK, Vanessa M. and Henrik HAGTVEDT (2012), *"I Don't" versus "I Can't": When Empowered Refusal Motivates Goal-Directed Behavior"*, Journal of Consumer Research, 39 (2), 371-81.

PATRICK, Vanessa M. and Henrik HAGTVEDT (2012), *"How to Say "No": Conviction and Identity Attributions in Persuasive Refusal"*, International Journal of Research in Marketing, 29 (4), 390-4.

PIGANI, Erik (2015), *Le Reiki*, Psychologies.

QUANTUM UNIVERSITY (2016), *Pineal Gland - The Gateway to Expanded Consciousness - The Human Brain Series*.

RAE, Kerwin, (2017), *How Intuition Works*.

RICHER, François (2014), *Quand notre cerveau devient créatif*, Huffpost.

ROBBINS, Mel (2011), *How to stop screwing yourself over*, TEDx.

RYDAHL, Malene (2014), *Heureux comme un Danois*.

SCHWARTZ, Barry (2005), *The paradox of choice*, (TED).

SOWERS, Christopher (2017), *Master Your Habits with Activation Energy*.

SWAN, Russ (2016), *Think you're acting on intuition? Think again! Our brains use statistics to calculate every decision we make*, Mailonline.

TAMLIN, Stephen (2016), *Improve employee performance through hydration*, Waterlogic.

TRACY, Brian, (2007), *Eat That Frog! : 21 Great Ways to Stop Procrastinating and Get More Done in Less Time*.

TRACY, Brian, *The 80 20 Rule Explained*.

TREMBLAY, Janic (2017), *Le Danemark et sa recette du bonheur*.

WALDINGER, Robert (2015), *What makes a good life? Lessons from the longest study on happiness*, TEDx.

www.ingramcontent.com/pod-product-compliance
Lightning Source LLC
Chambersburg PA
CBHW051053160426
43193CB00010B/1170